# 澳門自助

## *Macao* 超簡單

彭欣喬 · 文 · 攝影

目次 Contents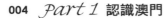

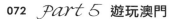

# Part 1

# 認識澳門
*General Information*

歷史文化

基本概念

關閘

珠江口

台山　馬場
青洲
望廈
　　新橋　　黑沙環
筷子基
沙梨頭
　　荷蘭園
中區　　東望
內港　　　洋山　　外港
**澳門半島**
下環　南灣
媽閣　　　　新口岸
西灣

珠海市

澳門港澳碼頭

友誼大橋

西灣大橋

澳氹大橋

氹仔客運碼頭

**氹仔**　　澳門國際機場

**路氹城**

廣東省

蓮花
大橋

九澳灣

珠海市

路環

黑沙灣

竹灣

F.R.AE

# 歷史文化

## 從殖民地變身東方蒙地卡羅

全名為「中華人民共和國澳門特別行政區」（Região Administrativa Especial de Macau da República Popular da China）的澳門，在過往的歷史發展上和中國不算太親，古稱「濠鏡澳」的它，雖然在秦始皇一統天下後正式納入中國版圖，然而因遠離中土、面積又小等因素，使得它一直就是座農民和漁民聚集的小村落。

到了明朝，在大航海時代邁入全盛時期的葡萄牙成了海上強國，澳門先是成為葡萄牙和中國海上貿易往來的臨時中繼站，商船在此整理貨品並補給所需，而後葡萄牙人又從當時的廣東政府手中爭取到居留權，以每年支付白銀的方式租借土地、創立聚落，這群首批長居中國的外來歐洲移民為澳門日後的繁榮奠定基礎。

從澳門南部、也就是今日路環一帶登陸的葡萄牙人，據說在詢問當地人地名時，恰巧就在媽閣廟旁，因此將「媽閣」以葡萄牙文拼寫成「Macau」，也成了日後澳門名稱的由來，不過關於這段故事，目前仍沒有確切證據可證實媽閣廟在當時已經存在。可以確定的是，

這些落地生根的葡萄牙人很快的發展成小型社區，西元 1623 年，葡萄牙政府解除印度葡屬果亞親王的管轄權，而改任總督對此地進行管理。

打從 1557 年開始，葡萄牙人就以每年繳納貢金的方式向中國政府租借澳門。1844 年鴉片戰爭後，當時的葡萄牙女王瑪麗亞二世宣布澳門為自由港，不但停止支付租金，更進一步逐年蠶食鯨吞這座小島，直到 1887 年清廷和葡萄牙政府簽訂 40 年效期的《中葡和好通商條約》，定下「澳門成為葡萄牙永居管理之地」的條文。

由於葡萄牙在二次大戰期間為中立國，再加上 1847 年時已讓澳門博彩合法化，這片蕞爾之地因此湧入大量黃金與白銀，以及前來享樂的高官與富商，刺激當地的發展與景氣。不過長期的殖民仍讓澳門人對於享有特權的葡萄牙人多所反彈，1974 年里斯本發起的政變康乃馨革命（Revolução dos Cravos）成功，推翻薩拉查（António de Oliveira Salazar）極右派政權，讓葡萄牙新政府實施「非殖民地化政策」，宣布澳門是該國統治下的中國領土，而非葡萄牙殖民地。

1980 年，中國和葡萄牙雙方政府針對澳門前途展開多次談判，而後於 1987 年正式簽署《中葡聯合聲明》，讓屬於中國領土的澳門於 1999 年 12 月 20 日回歸，於是擔任第 127 任、同時也是末代澳門總督的韋奇立（Vasco Joaquim Rocha Vieira），在澳門新口岸和第 1 任澳門特別行政區行政長官何厚鏵交接，隨著 12 月 21 日中國人民解放軍的進駐，正式揭開澳門特別行政區的序幕。

回歸後的澳門被定位為博彩旅遊特區，特別是 2003 年開放中國內地人民旅遊後，這座東方蒙地卡羅以爆炸之姿蓬勃發展，賭場飯店如雨後春筍般出現，2006 年時營業額已超越美國拉斯維加斯，成為世界上最大的賭城，其賭場營收更占全區總財政收入超過七成的比例。不過曾在明末清初的「西學東漸」中扮演重要角色的澳

門，自古也因中西文化交流而聞名，其中歷史悠久且融合中西風格的建築為一大特色，並於 2005 年時以「澳門歷史城區」之名並列聯合國教科文組織的世界遺產。

## 百年來不斷長大的土地

今日的澳門，以澳門半島和路氹（ㄉㄤ丶）島兩大部分組成。其中位於北部的澳門半島和中國大陸的廣東珠海相連，地處珠江口西岸；南方的路氹島則由氹仔、路氹城和路環三個區域構成。

事實上，過去氹仔和路環為兩座獨立小島，後來因為連接兩地的公路工程興建必須部分填海，以及日久泥沙淤積的結果，最後索性將越來越淺的海床直接填平，形成了今日所見的路氹城。從當地行政單位的劃分就可以看見這段歷史，由於澳門過去以天主教的「堂區」為單位，因此今日的 7 個堂區中不包括路氹城，而它也是澳門唯一沒有劃分任何堂區的地方。

不過澳門實行填海計畫其來有自，打從 1866 年葡萄牙人統治時期便已開始，也因此從昔日面積不到 3 平方公里的澳門半島，如今成為面積廣達近 30 平方公里的特別行政區，足足長大 10 倍之多！但即使如此，澳門仍然是全世界人口密度最高的區域之一。

## 民族與語言

　　儘管打從明朝開始，就有許多葡萄牙人移居至此，不過澳門大部分的居民還是以華人為主，約占總人口數的 94%，至於葡萄牙人、土生葡萄牙人和其他外國人，則約占剩下的 6%。語言方面，由於過去長期被被葡萄牙人殖民，因此目前官方語言為中文和葡萄牙文，不過當地人日常生活一般多說粵語，此外英文也可通。

　　值得一提的是，由於長期定居澳門，使得不少葡裔和亞裔通婚而生下所謂的土生葡萄牙人，關於這個名詞多指父親為葡萄牙人、母親為華人的混血兒；反之如果葡裔女嫁亞裔男，因子女繼承亞裔父姓而不被視為葡萄牙人，也因此，葡萄牙文被稱為「父語」、粵語被稱為「母語」。這些土生葡萄人多能說粵語卻未必能閱讀漢字，後來混雜了葡萄牙語後形成一種所謂的土生葡語（Macanese），是一種類似方言、沒有文字的口語，不過如今已逐漸失傳。

## 國定假日

　　和台灣一樣，除了元旦、農曆新年、清明、端午、中秋等華人重大節日放假外，澳門在回歸中國後另有中華人民共和國國慶日和澳門特別行政區成立紀念日兩大國定假日。此外，由於曾經被葡萄牙人統治，在擁有許多天主教信徒的情況下，澳門在耶穌受難日、聖母無原罪瞻禮和聖誕節等宗教節日也明定公休。

　　以下為 2014 年的澳門法定公共假期日期（藍色字體為固定日期之節日）：

| 日期 | 節日與節慶 |
| --- | --- |
| 1月1日 | 元旦 |
| 1月31日 | 農曆春節 |
| 4月4日 | 清明節 |
| 4月18日 | 耶穌受難日 |
| 4月19日 | 復活節前日 |
| 5月1日 | 勞動節 |
| 5月6日 | 佛誕節 |
| 6月2日 | 端午節 |
| 9月9日 | 中秋節翌日 |
| 10月1日 | 中華人民共和國國慶節 |
| 10月2日 | 重陽節 |
| 11月2日 | 追思節 |
| 12月8日 | 聖母無原罪瞻禮 |
| 12月20日 | 澳門特別行政區成立紀念日 |
| 12月24日~12月25日 | 聖誕節 |

## 活動盛事

　　除了國定假期外，澳門一年四季也有許多活動盛事，範圍涵蓋宗教、運動和藝術等方面，非常值得一探，以下分門別類介紹最具特色的幾項。

### 天主教宗教節慶

　　澳門獨特的背景讓它擁有許多天主教徒，在天主教節慶中，又以2至3月間舉辦的苦難耶穌聖像出遊和每年5月13日舉行的花地瑪聖母像巡遊最為知名。

　　苦難耶穌聖像出遊是一項十六世紀延續至今的傳統，打從澳門成立教區以來，每年都會花兩天的時間完成這趟旅程，首日背負十字架的耶穌聖像會從聖奧斯定堂出發，沿

苦難耶穌聖像出遊（澳門旅遊局提供）

花地瑪聖母像巡遊（澳門旅遊局提供）

著東方斜巷、議事亭前地前進，並停留於主教座堂接受祝禱；隔天教士繼續扛著聖像前往板樟堂、南灣、風順堂街等地回到聖奧斯定堂，沿途共設有 7 處地點舉辦小型的「拜苦路」儀式，除停留頌禱外，還會有扮演聖婦 Veronica 的少女以拉丁文唱哀歌。

至於花地瑪聖母像巡遊的歷史則要回溯到西元 1917 年 5 月 13 日，聖母在葡萄牙花地瑪（Fatima）附近向三位牧童顯靈並留下三則預言，於是每年的這天，在葡萄牙和澳門都會舉辦這項活動。聖母像從玫瑰堂移入小轎內，由穿著一身白衣的婦女抬行，並由三名兒童領路，邊唱詩歌、禱文，邊往主教山上的聖母小教堂前進，最後進行露天彌撒。

## 佛道教宗教節慶

佛道教慶典則包括農曆 2 月 2 日敬奉土地公的土地誕、農曆 3 月 3 日的北帝誕以及農曆 3 月 23 日的娘媽誕等。其中北帝指的是掌管水文的玄武大帝，娘媽就是所謂的媽祖，由於過去澳門居民大多為漁民，因此祭拜水神和天后分外重要，每到這幾位守護神的誕辰，人們都會到廟裡祭拜，廟方也會請來戲班作戲或演唱粵曲等，熱鬧慶祝一番。

1~2：譚公誕（澳門旅遊局提供）

## 藝文運動賽事

除宗教節日外，澳門也有不少藝文甚至體育活動，其中 1989 年開始舉辦的澳門藝術節於每年 3 至 5 月間登場，除大型藝術創作展覽外，還有許多演出。澳門國

際音樂節於每年 10 月舉行，其特色在於融合古今中外音樂，曾經以韓德爾（George Handel）的煙花音樂組曲搭配綻放於海面上的繽紛煙火，令人驚嘆。

運動方面最廣為人知的要屬澳門格蘭披治大賽車（Grand Prix Macau），每年 11 月眾多車迷全聚集在狹窄且多彎道的東望洋跑道上，感受熱血沸騰的極速快感，它和摩納哥是所有一級方程式賽車大獎賽中，唯二設有街道賽的場地；此外，東望洋跑道更是全世界唯一舉辦房車賽和機車賽的街道賽場地，也因此被認為是全球最不能錯過的精采賽事之一。

1：澳門藝術節（澳門旅遊局提供）2~3：澳門格林披治大賽車（澳門旅遊局提供）
4：澳門國際煙花比賽匯演（澳門旅遊局提供）

# 基本概念

## 氣候與時差

澳門和台灣的緯度差不多，氣候上的差異也不大。全年氣候溫和的澳門，屬於海洋性副熱帶季風氣候，年平均溫度約在 20℃左右，其中 3 至 4 月為春季，氣候潮溼多霧；5 至 9 月則天氣炎熱，常受颱風和暴雨影響；至於 10 至 12 月屬於秋季，氣候較乾爽穩定，是最適合前往旅遊的季節；時序來到 1 至 2 月的冬季則較寒冷，特別是冷鋒報到期間氣溫可能瞬間滑降 10℃。衣著方面，夏季只須穿著 T 恤等輕便衣物，春秋早晚溫差大必須添加薄外套，至於冬天須攜帶毛衣等禦寒衣物。

澳門比格林威治標準時間早八小時，和台灣位於同一時區，因此沒有時差。

## 貨幣與匯率

雖然回歸中國，但澳門仍有自己的貨幣，稱為澳門幣（Pataca），擁有 10 元、20 元、50 元、100 元、500 元和 1,000 元共 6 種紙鈔，以及 1 角、2 角、5 角、1 元、2 元和 5 元共 6 種硬幣。1 澳門幣對台幣的匯率約為 1：3.42（2013.10），不過在台灣除桃園國際機場的匯兌櫃

檔外，沒有其他銀行提供澳門幣的兌換服務，而且，桃園國際機場匯兌櫃檯的澳門幣持有量也不高，有時也可能換不到。

但因為鄰近香港、加上一年四季湧入的眾多港人遊客，所以在澳門也可直接使用港幣，儘管 1 港幣對台幣的匯率約為 1：3.65（2013.10），略高於澳門幣，但當地商家大多採用澳門幣對港幣 1：1 的匯率（事實上 103 澳門幣＝ 100 港幣），因此不另做換算，此外找零也多以澳門幣為主，所以如果金額較大擔心會有匯率損失的人，不妨出發前先在台灣換取部分港幣零花，遇到金額較大的數目時可以使用信用卡，除了較小的店家和小吃外，澳門基本上信用卡使用率相當普遍。

　　另外如果有人民幣或其他外幣、旅行支票持有者，可以在機場的匯兌櫃檯、酒店、銀行等地兌換澳門幣。

## 電壓和插座

　　澳門的電壓為 220 伏特、50 赫茲，不同於台灣的 110 伏特、60 赫茲，不過近幾年上市的電器和 3C 產品多採用國際規格，也就是介於 110 至 240 伏特和 50 至 60 赫茲，因此只要確認自己的電器涵蓋澳門的電壓頻率即可直接使用。不過必須注意的是，澳門的插座通常為三孔，包括圓形和方形，因此需要準備轉接頭。

## 治安

　　在回歸中國，歷經幫派肅清等整治後，澳門的治安比過去改善許多，基本上是個相對安全的旅遊目的地，不過和許多觀光大城一樣，蜂擁而至的遊客總吸引小偷或扒手的覬覦，因此在某些熱門景點或是賭場，切記將個人財物妥善分配、保存，勿單獨放置於座位上或他人可輕易取得的地方，不過也不必因此繃緊神經，只要多加留心，大多能平安無事。

　　如果真的發生需要緊急求助的狀況或意外事件，可以撥打以下電話：

● 緊急求助熱線：999 ／ 110 ／ 112
● 警察局：919

## 旅行預算

　　旅行預算因人而異，尤其在澳門這樣一個地方，你可以花不到 100 台幣吃碗餛飩麵或其他小吃，但也可以花上幾千台幣到頂級餐廳大快朵頤一番；同樣的情況也

發生在住宿的挑選上，從 1,500 台幣不到的經濟旅館到上萬元一晚的奢華酒店一應俱全，不過比起類似的亞洲城市旅遊目的地來說，澳門普遍的消費還是比香港或新加坡等地便宜。

以酒店為例，可以透過旅行社或訂房網站拿到一晚約 4,000 台幣的五星級酒店住宿優惠，這樣的價格在香港九龍或中環等地段比較好的區域，可能只能住到四星級左右的酒店，此外澳門酒店的客房空間通常也比香港同級酒店來得大，因此如果不是預算非常緊，到此不妨下榻四、五星飯店，享受一番，以 4 天 3 夜兩人同行的經濟艙機票加酒店一般客房自由行行程來說，入住文華東方、喜來登、威尼斯人等高級酒店，含早餐的費用約在 17,000 至 22,000 台幣之間，如果不含早餐或是入住其他四星級酒店，同樣的行程甚至可能不用 15,000 台幣就可以成行，幾乎和台灣國內旅遊的價格不相上下。

至於餐廳，每人每餐一般小吃店約 30 澳門幣、茶餐廳約 30 至 100 澳門幣、裝潢和菜色都有一定水準的餐廳約 100 至 150 澳門幣，至於頂級餐廳則要 150 澳門幣以上。由於澳門面積不大，只需搭車前往某一定點，就可以步行方式前往附近大部分的景點，此外許多酒店都提供免費接駁巴士，不妨多加利用；而當地的計程車也不貴，從氹仔的新濠天地搭計程車到澳門半島的大三巴一帶約 80 至 90 澳門幣。

# Part 2

## 行前安排
### Pre-Departure

住宿類型介紹

如何預定住宿？

# 行前準備

## 航空公司

　　目前從台灣台北直飛澳門的航空公司為長榮航空、復興航空和澳門航空，每天均有數個航班往返兩地，值得一提的是，澳門航空可提供澳門進、香港出的不同進出點航班；長榮、華信和復興航空另有從台中直飛澳門的航班，其中長榮班次最為密集，除了周二外每天都有航班往來；至於從高雄直飛澳門的航空公司只有長榮和復興，兩者基本上天天都有班機往返，詳情可直接上各大航空公司官方網站或透過旅行社查詢。

**Info**

長榮航空

✿ 台灣

電話：訂位專線（02）2501-1999

網址：www.evaair.com

台北辦公室：台北市長安東路二段 117 號

桃園辦公室：桃園縣蘆竹鄉新南路一段 376 號 1F

新竹辦公室：新竹市科學園區工業東二路一號 6 樓 601 室

台中辦公室：台中市西區大隆路 20 號 A 棟 14 樓之 7

高雄辦公室：高雄市苓雅區四維四路 177 號

服務時間：台北辦公室周一至周五 08:30~18:30、周六及國定假日 08:30~12:30；其他辦公室周一至周五 08:30~17:30。

✿ 澳門

電話：+853-28726866

地址：Novos Aterros Do Porto Exterior(Nape), Dynasty Plaza Lote 8-(A2/C), 21-Andar A, Macau

復興航空

✿ 台灣

電話：訂位專線全台市話直撥 4498-123、手機直撥 02-4498-123

網址：www.tna.com.tw

地址：台北市內湖區堤頂大道一段 9 號

客服時間：平日 08:00~19:00、假日 08:00~17:00

✿ 澳門

客服中心：+853-2870-1777

客服時間：平日 08:00~19:00、假日 08:00~17:00

澳門航空
☆ 台灣
　　電話：訂位專線（02）2717-0377
　　網址：www.airmacau.com.tw
　　地址：台北市民生東路三段 134 號 6 樓
　　服務時間：周一至周五 08:45~17:30
☆ 澳門
　　電話：+853-8396-5555
　　網址：www.airmacau.com.mo
　　訂位及票務辦公室：澳門新口岸宋玉生廣場 398 號中航大廈
　　　　　　　　　　　　13 樓

華信航空
☆ 台灣
　　電話：訂位專線全台市話直撥 412-8008、
　　　　　手機直撥 02-412-8008
　　網址：www.mandarin-airlines.com
　　服務時間：平日 08:00~18:00、例假日 08:00~17:00
☆ 澳門
　　電話：+853-28575536

## 護照和簽證

　　凡持有效中華民國（台灣）護照之人士，享有免簽證進入澳門最多可停留 30 天的優惠待遇，值得注意的是，進入澳門時，中華民國護照效期必須超過 30 天，否則可能會遭到澳門特區政府拒絕入境且原機遣返。

　　護照申請須至外交部領事事務局，所需文件如下：

| 基本文件 | 其他文件 |
| --- | --- |
| ● 身分證正本和正反兩面影本<br>● 兩吋白底彩色照片 2 張<br>● 申請書一份 | ● 未滿 20 歲者須附父母或監護人身分證正本<br>● 16 至 36 歲男性，須附相關兵役證件<br>● 申換護照者須附舊護照<br>● 遺失補發護照者須附國內遺失作廢申報表正本 |

● 護照規費：一般每本 1,300 台幣，未滿 14 歲或因為免除兵役義務等導致護照效期縮減者每本 900 台幣

● 工作天：一般件 4 天、遺失補發 5 天，急件另加收快速件處理費，每提前 1 天加收 300 台幣，最快可隔天領取

**Data**

外交部領事事務局
◎地址：台北市濟南路一段 2-2 號 3~5F
◎電話：（02）2343-2888
◎時間：周一至周五 08:30~17:00，每周三延長服務時間至 20:00，周末和國定假日公休
◎網址：www.boca.gov.tw

## 實用網路資訊

### 澳門特別行政區政府旅遊局

　　在這個澳門特區政府設立的旅遊局官方網站中，可以查詢到所有與澳門旅遊相關的資訊，包括出發前對此特區文化歷史背景的了解、行前各項準備與注意事項，

到抵達當地後所有特色食衣住行介紹，除了列表一整年
的「節日盛事」外，首頁還有「聚焦」專欄提供當地目
前最新或最熱門活動資訊，是前往澳門前必訪的入門網
站之一。

● zh.macautourism.gov.mo

## 澳門特區政府入口網站

　　這是澳門特區政府的官方網站，不只針對遊客，
還提供當地居民甚至前往經商的商人相關資訊。旅遊部
分，提供出入境資訊、酒店和旅行社、飲食娛樂、觀光
景點、交通等訊息，不過許多與旅遊相關選項會直接連
結到澳門特別行政區政府旅遊局的網頁，但如果想獲得
當地即時的天氣實際狀況、詳細的大眾交通資訊或是網
路地圖，該網站就能發揮不少作用。

● portal.gov.mo

## 澳門城市指南

　　想要更詳細的澳門旅遊資訊，不妨上該網站逛逛，
其中「吃喝玩樂」選項資訊特別豐富，不但分門別類詳
細介紹澳門當地的特色飲食，還提供餐飲或購物等優惠
券，包括九折、消費達一定金額贈送飲料或甜點、或是
特價等優惠。此外，在「觀光好去處」中將所有景點區
分為世界遺產、教堂、博物館、特色建築、廣場等類型，
方便遊客搜尋，解說也相當詳實。

● www.cityguide.gov.mo

## 澳門文物網

　　因為曾經被葡萄牙人殖民，使得澳門擁有非常獨特的東西文化交融風情，此外這座城市更多達 25 處景點以「澳門歷史城區」之名並列世界遺產，所以除了紙醉金迷的賭場和頂級華麗的酒店外，澳門的歷史和古蹟建築也吸引無數遊客來訪，如果你想對它的文物有更進一步的認識，就別錯過這個網站。

● www.macauheritage.net/cn

**Info**

☆ 澳門地圖通 Macau GeoGuide

　　這個由澳門特別行政區地圖繪製暨地籍局最新推出的 App，包含繁體中文使用介面，除了可以瀏覽澳門地圖外，還具備了建築物、街道或景點關鍵字搜尋，鄰近景點搜尋、衛星定位、距離和面積測量、甚至自建景點等主要功能，此外還能提供旅遊娛樂、文化、政府部門、醫療服務等多種地理資訊，出發前別忘了先行下載，到當地即使在離線的狀態下也能暢行無阻。

☆ 澳門世界遺產 WH Macau

　　想要看遍澳門最菁華的景點而不求人，該 App 能提供你關於澳門世界文化遺產最詳細的資訊！不但可結合 Google Map 和 GPS 查詢所處位置，以及前往目的地景點的路線與距離等導向功能，還有各世界遺產包括景點介紹、開放時間、相關新聞等全方位訊息，此外除了世界遺產的精美照片和宣導短片外，更可以 360 度環迴觀賞世界遺產，讓你毫無死角的體會澳門古蹟之美。

# 住宿類型介紹

## 頂級酒店和星級古堡酒店

　　澳門雖然不是香港或峇里島這類都會或度假目的地，不過卻因為博彩特區的身分，讓它聚集了許多充滿特色的頂級酒店和度假村，你可以發現突顯奢華的新葡京、永利或皇冠酒店，散發低調都會雅致風情的文華東方、十六浦索菲特、四季酒店，洋溢主題特色的威尼斯人、美高梅酒店，甚至讓人彷彿入住隱密度假村的悦容庄，還有以昔日葡萄牙式碉堡改建而成的聖地牙哥古堡酒店……當地蓬勃發展的觀光業，讓人很難想像在這麼一個彈丸之地中，居然可以擁有這麼多跨旅遊目的地的各類型酒店！

　　也因此來一趟澳門，只要你不怕麻煩多換酒店，想要體驗各類度假風情幾乎都能一網打盡，尤有甚者，因為當地的酒店如雨後春筍般出現且競爭激烈，特別是新開幕的五星級酒店為了打響知名度，經常推出頗為優惠的促銷房價，甚至每晚 4,000 元台幣就能入住，有時

比四星級酒店還要便宜。也因此，相較於許多跨國頂級
連鎖飯店品牌在其他城市高得令人咋舌的房價，在澳門
你可能有機會以七折，甚或一半的房價就能入住，所以
如果不是預算真的非常緊，到澳門不妨就挑間五星級酒
店，體驗一下「華麗」的人生吧！以下介紹十大特色頂
級飯店：

### 澳門四季酒店

瀰漫濃濃澳門殖民特色與歷史背景的澳門四季酒
店，其室內設計團隊花費了許多時間、深入當地的大街
小巷搜尋有關這段回憶的點滴，為了在宏偉的歐式建築
中混合古典家具和藝術擺設，設計師甚至穿梭於市集和

骨董店之間，終於打造出
這處精緻又典雅的復古空
間。於是在以葡萄牙大屋
的客廳為設計靈感的酒店
大堂華屋中，可以看見壁
爐、葡式吊燈、天花吊扇、

1.2：澳門四季酒店提供

中式屏風和竹材地板等，讓時光彷彿流轉到十八世紀。

　　手繪絲綢、蝕刻藝術品、瓷磚工藝和明式地櫃等東方風情，融合歐風傳統壁燈、垂飾和水晶吊燈，以及採用兩大圓柱和垂簾窗戶等葡式大宅建築特色，一路延續至 360 間充滿懷舊特色的客房，在分為 8 種房型的客房中，以米色和白色等大地色調帶來溫暖、舒適的氣氛。其他設施包括米其林指南星級推薦的粵菜館紫逸軒（詳見 P.161 ）、新派葡萄牙菜的鳴詩、享用英式下午茶的華屋等餐飲服務。水療中心裡另附設健身房和瑜伽教室，此外，酒店內的四季 ‧ 名店和威尼斯人以及金沙城的購物中心相通，毋需外出便能享盡購物樂趣。

**Data**

澳門四季酒店
◎地址：澳門氹仔望德聖母灣大馬路
◎電話：+853-2881-8888
◎網址：www.fourseasons.com/zh/macau

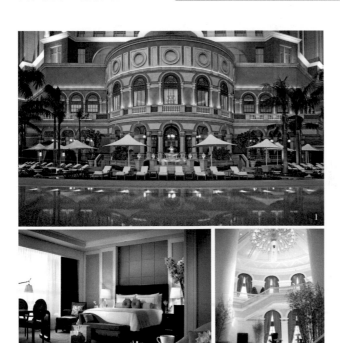

1~3：澳門四季酒店提供

1~4：澳門美高梅酒店提供

## 澳門美高梅酒店

　　打從 2007 年底開幕，美高梅酒店就以藝術氛圍著稱，位於入口和大堂的《愛麗斯夢遊仙境》、《達利的舞者》，都是二十世紀藝術大師達利的作品，也是酒店開幕時同步舉辦的達利特展中美高梅收購的作品。《達利的舞者》上方高掛著一片美麗的玻璃藝術品，猶如盛開滿頂的紅花，出自於美國知名玻璃大師植皓禮（Dale Chihuly）之手，如果沿著大堂後方左側走廊前進，可以看見他五彩斑斕的創意，美麗的牆柱猶如彩虹般隨角度變幻著色彩。

　　以波浪狀玻璃外牆帶來現代風情的美高梅酒店，高約 155 公尺的外觀投射出南中國海的美景，隨外牆弧度變化的客房多達 468 間，此外還有 99 間套房和 15 間豪華套房，酒店內附設法國餐廳寶雅座、中餐廳金殿堂、提供燒烤和海鮮的盛事餐廳、融合東西方麵食特色的

食‧八方等餐飲設施，此外酒店內還有享譽全球的 Six Senses 水療中心提供療程，以及一座名牌購物天堂，澳門壹號廣場。

　　此外，美高梅酒店還有一處不可錯過的亮點——天幕廣場，在這處仿葡萄牙里斯本地標中央車站的空間裡，玻璃頂篷下坐落著宏偉的十九世紀葡式建築，美麗的瓷磚鑲嵌畫帶來濃濃的異國風情，過去入夜後總會打上繽紛投影的它，如今搖身一變成為「珊瑚宮殿」，以 LED 燈和海藻、魚群等吊飾創造出夢幻的「光‧影‧水世界」。

1~7：澳門美高梅酒店提供

## Data

澳門美高梅酒店
◎地址：澳門外港新填海區孫逸仙大馬路
◎電話：+853-8802-8888
◎網址：www.mgmmacau.com

### 永利澳門酒店

身為首座將美國賭城拉斯維加斯綜合度假村式賭場引進澳門的永利，鎖定頂級客群，特別是豪賭客，也因此在它多達 600 間的豪華客房中，除了空間寬敞外，均擁有俯瞰南中國海或街景的大片落地玻璃，套房內附設可提供美容師到房服務的美容室，此外更有專為男女房客設計的兩套浴室的「兩房式」套房，貼心、尊榮可見一斑，也因此使它打從 2009 年開始至今連續 5 年榮獲《富比士旅遊指南》（Forbes）的五星大獎。

除了酒店內附設的賭場和名品購物街外，永利的譚家菜餐廳永利軒（詳見 P.58）和新派粵菜京花軒（詳見 P.159），都獲得米其林指南的星級推薦，其他餐飲設施還包括義大利菜、日本料理和中國北方麵食等。值得一提的是，永利澳門的表演湖以及發財樹和富貴龍等表演（詳見 P.139），更是它吸引遊客前往的兩大賣點。

**Data**

永利澳門酒店
◎地址：澳門外港新填海區仙德麗街
◎電話：+853-2888-9966
◎網址：www.wynnmacau.com

1~3：澳門永利酒店提供

### 澳門文華東方酒店

外型猶如一把收攏的中式摺扇，矗立位於南灣湖畔的澳門文華東方酒店，是澳門半島上唯一沒有附設賭場的五星級酒店，使它散發一種更加典雅、閒逸的氣質。在它 213 間融合當代設計感與隱約東方特色的客房裡，

澳門文華東方酒店提供

大片落地窗將南灣湖或澳門半島商業區的景色收攬於
室，其中某些客房更以澳門旅遊塔為前景，每當黃昏，
彩霞滿天的景色煞是迷人。

　　獲獎無數的文華東方水療中心，結合西方科技和東
方理論，在欣賞壯麗灣景的舒緩環境裡提供身心平衡的
療癒，同樣坐擁此番美景的還有戶外溫水游泳池。餐飲
方面有融合中西美食的 Vida Rica 餐廳、品味下午茶的
大堂酒吧以及能喝杯雞尾酒的御苑酒廊，當然也別錯過
提供精緻糕點和巧克力的文華東方餅店。

1~4：澳門文華東方酒店提供

## Data

澳門文華東方酒店
◎地址：澳門皇朝區孫逸仙博士大馬路
◎電話：+853-8805-8888
◎網址：www.mandarinoriental.com.hk/macau/hotel

## 澳門新葡京酒店

　　落成於 2008 年底的澳門新
葡京酒店，不但華麗的造型引人
注目，更擁有其江湖地位，它和
1970 年澳門首間五星級酒店「葡
京酒店」，同屬賭王何鴻燊的產
業，象徵著澳門博彩事業的新紀
元。

　　五彩繽紛的燈飾更突顯了這
棟建築的特色，據說無論是上方

1.2：澳門新葡京酒店提供

1~5：澳門新葡京酒店提供

## Data

澳門新葡京酒店
◎地址：澳門葡京路
◎電話：+853-2828-3838
◎網址：www.grandlisboa.com

如火炬般的塔樓，或下方巨蛋型的底座，都有聚財、聚客的風水涵義，這顆「彩蛋」更以多達 1,000 片的玻璃和鋁片鑲嵌，在光線的照射下熠熠發光。

內部的裝飾也充滿看頭，其中最著名的要屬在大堂中展出、超過 210 克拉的鑽石與綠寶石，以及 2007 年時，何鴻燊以將近 7,000 萬港幣購回並捐給中國的圓明園馬首複製品。而為了強調它的超五星級酒店定位，新葡京的房間不但鋪設手工編織地毯，浴室配備熱帶雨林花灑、多向式按摩浴缸，甚至還有蒸氣浴室，果然是奢

華頂級的享受。為了提供老饕美食饗宴，酒店內還附設 9 間餐廳和咖啡館，其中包括米其林星級餐廳天巢法國餐廳（詳見 P.156），還有以精緻粵菜和淮揚菜打響名號的 8 餐廳（詳見 P.157）。

## 聖地牙哥古堡酒店

位於澳門半島最南端、西灣湖畔的聖地牙哥古堡酒店，前身為十七世紀的砲台，當時的澳葡政府為抵禦海盜和歐洲敵國的入侵，而在這個內港的入口處興建了該防禦設施。

打從 1978 年開始，這座砲台便改建為酒店，2007 年時以 Relais & Châteaux 集團成員的身分，對遊客敞開大門。僅有 12 間裝飾著高級葡式骨董家具的套房，每間均配備蒸氣浴室和按摩浴缸，以及得以眺望西灣湖景致的露臺，來自西班牙的名廚在芭朗瑪餐廳中提供充滿創意的加泰隆尼亞料理。酒店內還有一座興建於十八世紀的聖雅各伯小教堂，供奉著古堡的守護聖人。

1~7：聖地牙哥古堡酒店提供

### Data

聖地牙哥古堡酒店
◎地址：澳門西灣民國大馬路
◎電話：+853-2837-8111
◎網址：www.saotiago.com.mo

### 十六浦索菲特大酒店

在澳門半島的內港畔，這棟高 20 層樓、融合南歐風情的酒店，以昔日 16 號碼頭的鐘樓為中心，不但擁有可俯瞰堤畔的景觀，更位於澳門的歷史城區。

十六浦索菲特大酒店承續著該跨國酒店品牌一貫的法式優雅，以淺色隔間搭配深色家具，營造出一種低調奢華的情調。408 間客房除採用 MyBed 寢具和無線網路、液晶螢幕等現代化設備外，浴室並提供歐舒丹沐浴用品，如果下榻俱樂部樓層或套房，則提供更奢華的愛馬仕沐浴用品。

餐飲方面則有 Privé 法國餐廳、以自助餐或單點菜單展現國際美食的 Mistral，以及提供「如此索菲特」、「十六浦」等特色雞尾酒的異國風情大堂酒吧 Rendezvous 等，而它入夜後氣氛迷人的露天游泳池，則是遙望著對岸的點點燈火。

1~7：十六浦索菲特大酒店提供

## Data

十六浦索菲特大酒店
◎地址：澳門火船頭街及巴素打爾古街
◎電話：+853-8861-0016
◎網址：www.sofitel.com、www.ponte16.com.mo

## 澳門新濠天地皇冠度假酒店

位於新濠天地中的皇冠度假酒店開幕於 2009 年，是該娛樂度假村包括君悅和硬石在內，三家酒店中最奢華的住宿設施，由於新濠國際主席何猷龍熱愛藝術，因此不但聘請澳洲知名設計公司 Bates Smart 打造內部空間，更將個人購自各地的藝術品妝點其中。

以樓高 7 公尺的酒店大堂為例，Bates Smart 採用金黃和寶藍色系的屏風搭配洋溢東方情調的翠竹，並掛上澳洲擅長解構符號和光影的藝術家 Marion Borgelt 之畫作《Liquid Light: 56 Degrees》，產生一種東西合併、傳統與現代交融的面貌。

而它 290 間客房中，包括 55 間套房和 33 間私人別墅，為不同類型的房客提供多樣住宿選擇。在餐飲服務中，以 2012 年開幕隨即摘下米其林一星的御膳房（詳見 P.161）最為知名，法國主廚以當季最新鮮的食材，烹飪出最自然的鮮味。

1~5：皇冠酒店／新濠天地提供

**Data**

澳門新濠天地皇冠度假酒店
◎地址：澳門路氹連貫公路
◎電話：+853-8868-6868
◎網址：www.cityofdreamsmacau.com/tc/hotels

## 澳門新濠鋒酒店

前身為 2007 年開幕的皇冠酒店，後因 2009 年新濠天地另一家皇冠酒店而開幕改名。樓高 38 層的它是氹

仔最高建築，在大師 Peter Remédios 的精心打造下，216
間客房和位於頂層的大堂展現時尚卻不失舒適的環境，
大片的落地玻璃將對岸美高梅酒店、澳門旅遊塔以及西
灣大橋等景觀一覽無遺。

　　而它擁有羅馬式浴室、水晶蒸氣浴室、冰水噴泉等
設施的「澄」水療，更和酒店連續 4 年一同獲得《富比
士旅遊雜誌》的五星級大獎。其他值得推薦的地方還包
括位於頂層的露天「38」酒廊，是欣賞澳門夜景的最佳
去處之一，無邊際的溫水游泳池更讓人彷彿徜徉於藍天
和大海間。

**Data**

澳門新濠鋒酒店
◎地址：澳門氹仔廣東大馬路
◎電話：+853-2886-8888
◎網址：www.altiramacau.com

1~5：新濠鋒酒店／新濠博亞娛樂提供

## 澳門威尼斯人度假村

　　在澳門眾多酒店中，最受遊客青睞的大概要屬澳門
威尼斯人度假村，許多遊客就算不住在這裡，也總會前
來「朝聖」一番。

　　看看它環繞著運河且復刻聖馬可廣場大鐘樓的外
觀，欣賞彩繪壁畫且金碧輝煌的大堂，穿梭在它布滿拱
橋、小運河等洋溢威尼斯風情的大運河購物中心……讓
人幾乎誤以為置身於地球另一端的義大利水鄉。這座度
假村的高人氣打從 2007 年開幕起從未退燒，根據統計，

在開幕的前 3 天便已接待約 30 萬人次的訪客，而衝破 1,000 萬名來訪者大關，也不過是在開幕後不到 6 個月的時間，至今仍不時可見大陸旅遊團將它當成景點，在導遊的帶領下成群結隊前來參觀。

占地廣大的威尼斯度假村，有多達 3,000 間客房，每間都是擁有客廳的寬敞套房，除了御區會 290 平方公尺起跳的佛羅倫薩套房和斯雅萊套房外，一間套房最小也有 70 平方公尺，幾乎等同於一間小公寓的規格。此外，針對全家出遊的旅客還提供天倫樂套房，配備兒童雙層床、電視遊戲機以及相關兒童安全設施。度假村中的餐廳多得讓人眼花撩亂，撇開中式各地美食不說，包括日本料理、巴西烤肉、印度食物、葡萄牙風味餐、義大利佳餚等一應俱全。

儘管太陽劇團的《Zaia》已結束在威尼斯人度假村中的演出，不過該度假村還是經常舉辦包括演唱會、極限特技以及特殊展覽等活動，吸引眾人目光，度假村的各個角落也不時有街頭藝人帶來精采表演。

1~7：澳門威尼斯人酒店提供

## Data

澳門威尼斯人度假村
◎地址：澳門望德聖母灣大馬路，路氹金光大道
◎電話：+853-2882 8888
◎網址：www.venetianmacao.com

## 三至四星級酒店

除了頂級的五星級酒店之外，澳門也有不少三至四星級酒店。

四星中比較具知名度的包括位於新濠天地的硬石酒店（Hard Rock Hotel），該酒店洋溢著歡樂、搖滾的氣息，深受年輕族群喜愛，酒店大堂展示的吉他收藏更成為一大亮點。金沙城中心假日酒店因為位於擁有電影院、購物中心、美食餐廳等的金沙城中心，和喜來登、康萊德這兩家酒店比起來，不但房價相對優惠，且同樣能享用該度假村中休閒娛樂，毋須出門便能滿足所有需求相當受歡迎。

洋溢英國王室氣息的英皇娛樂酒店雖然名列三星，不過歐洲宮廷建築和以純金鋪砌的的酒店大堂「黃金大道」令人印象深刻，此外 2011 年時更翻新尊貴樓層，以時尚的室內設計搭配高科技通訊和娛樂設施，也因此使得它入住一晚的房價不輸四星級酒店，甚至比部分特價促銷的五星級酒店還要高。同星級的酒店中還有一間獨具特色的萊斯酒店，位於新口岸漁人碼頭內，洋溢著十八世紀的維多利亞式建築風情，每間客房都有可以眺望海景的陽台，成為特色之一。

三至四星級酒店的房價如果透過旅行社或訂房網站，基本雙人房每晚大約介於 3,000 至 4,500 元台幣之間，可謂相當划算，不過其中硬石酒店和英皇娛樂酒店因人氣居高不下，裝潢和設施也都較其他同等級酒店突出，因此房價也比較高，入住一晚基本雙人房約需 6,000 元台幣。

1~3：硬石酒店／新濠天地提供

## 經濟旅館

　　如果不是對「住」特別要求，只是把當它成過夜的地方，那麼也可以省下這筆預算，把錢花在吃或買等更刀口上的用途。

　　澳門也有不少二星級旅館或出租公寓，它們的規模通常比較小，客房中除了基本床鋪、書桌和電視外，沒有太多其他設施，部分旅館提供餐飲和無線上網服務；至於公寓則大多位於較偏離鬧區且可能 2 樓以上的位置。入住一晚的價格，以雙人房來看，旅館每晚大約 2,000 至 3,000 台幣，公寓約在 1,000 至 2,000 台幣之間，部分公寓可能可以拿到更優惠的價格。

　　不過這些旅館或公寓通常沒有和訂房網站合作，大部分甚至沒有自己的網頁，可能必須透過 Email 或以電話預約。以下兩家是其中比較具規模且擁有自己網頁的二星旅館：新新酒店屬於 Best Western 集團，位於澳門半島科邦迪前地附近、靠近 10 至 11 號碼頭，客房內除上述基本設施外還有 Minibar、DVD 播放器和吹風機等，旅館內也附設餐廳；另一間澳門假期酒店位於鏡湖馬路上、靠近澳門博物館和大砲台，地理位置屬市中心，該旅館還提供送餐以及免費本地電話等服務。此外還有一間三星公寓也可透過官網查詢和預約，新南濱賓館位於約翰四世大馬路上，距離新葡京酒店大約 5 分鐘的步行距離，擁有 9 間客房的它小巧舒適，給人「家」的感覺。

　　值得注意的是，經濟旅館或公寓的出入分子可能比較複雜，入住之前最好先確認一下四周環境，以及櫃檯對旅館或公寓的管理。

**Data**

經濟旅館
◎新新酒店：www.bestwestern.com
◎假期酒店：www.holiday36.com
◎新南濱賓館：www.cnmacauhotel.com

# 如何預定住宿？

## 機加酒套裝行程

　　目前從台灣飛往澳門的長榮、澳門和復興航空都推出機票加酒店的套裝行程，包括 2 天 1 夜或 3 天 2 夜，即使如此，還是可以採續住的方式繼續加購酒店的入住天數，方便民眾視個人需求選購，不過必須注意的是，這類行程的機票效期基本上都在 1 至 14 天，如果想停留的期限更長，可能就必須購買其他票種的機票。

　　航空公司推出的機加酒行程價格除了反映在下榻酒店的等級外，和搭乘的航班或艙等也有關，通常去程如果搭乘早班機費用比較高，如果你可搭乘的航班中不包括早航班，大多可以採加價的方式選購，視日期而異加價約 5,00 至 1,500 元台幣左右。再來就是艙等，越便宜的機票其艙等越低、限制也越多，很多一旦開立後便不能更改日期，有些就算可以更改也必須付上一筆費用，或是可以選擇搭乘的班次有限，此外，艙等低的機票可能航空公司釋出的機位也不多，因此有時會有即使某航班仍有機位，卻不能以這樣的價格購買的情況。

　　由於航空公司推出的套裝行程為航空公司和酒店大筆談成的價錢，因此通常比個人自行向酒店預定來得優惠，通常各大航空公司和各酒店拿到的價格差異不大，不過有時會因為某特定航空公司和某酒店聯手促銷而拿到更漂亮的價格，或是加贈早餐／午餐或下午茶、現金券等其他優惠，因此出發前不妨多上網比較。預定航空公司的機加酒行程，除了直接上各大航空公司的套裝行程官網外，也可以透過旅行社代為訂購。

　　除了航空公司推出的機加酒行程外，部分旅行社也會包裝自己的機加酒行程，也就是所謂的團體自由行，有時價格會比航空公司稍微便宜，但必須注意的是，因為是團體自由行，所以機票開的是團體票，因此必須一

同到機場報到，部分還可能無法事先選擇航班，必須等
到出發前由旅行社通知、確認。

☆長榮假期：www.evasion.aero

☆澳航假期：www.airmacau.com.tw/holidays

☆復興假期：www.tna.com.tw/holiday/map.htm

☆華信假期：www.mandarin-airlines.com/package/index2.html

# 使用訂房網站

　　機加酒行程雖然方便，不過針對某些不是從台灣、
澳門兩點往返的旅客，或是套裝行程中沒有包括遊客打
算入住酒店的人來說，或許就不適用，這時不妨透過訂
房網站安排住宿，可能會比從各酒店官網拿到的價格更
優惠。

房價

　　使用訂房網站有幾件事必須注意，首先是房價方面，通常越早訂購越能享有優惠，許多酒店都推出早鳥價，有時折扣可能高達 25％。另外，無法變更的預定也會比之後能夠更改訂房條件、甚至退房的房價更便宜，但是在這種情況下，你必須很確定行程，否則即使事先告知不會前往，在無法取消訂房的條件下，還是會被收取全部費用。

　　而可以更改訂房或退房的預定也必須注意，因為更改入住條件也有時間限制，通常是入住前 1 至 3 天必須做最後確認，否則可能會被收取 50％ 至 100％ 的第一晚甚至全額住宿費用，這些限制都會標示在訂房網站該酒店不同房間選項上，如「免費取消」或「取消不可退款」等，若將游標移到可否取消的標註上，會出現限制條件的解釋框，可見下方範例：

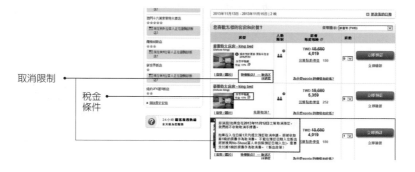

稅金

　　再來是稅金的部分，視各訂房網站或各城市不同，有些訂房網站會將全部或部分稅金（視稅金細項而異，例如飯店稅、城市稅等）列入房價中，有些則另計並於最後計算總房價時才會加上。基本上，同樣在訂房網站的不同房間選項上都會清楚標示，在確認預定填寫明細時，也會標註在預定概要中，可見範例：

房價
稅金

## 付費

　　訂房網站的付費方式也可能不同，但可以確認的是，都必須以信用卡做擔保。

　　一般來說，如果不可更改訂房條件，通常會在確認預定時直接從信用卡扣取費用。如果是可更改訂房條件，部分訂房網站會在確認訂房的同時，同樣先從信用卡扣取費用，然而如果在效期內更改訂房條件甚至退房，該訂房網站也會將差額退回同一張信用卡；有些訂房網站則不會在確認訂房的同時就先扣取費用，通常在可更改預定的效期過後、或入住前一天才從信用卡中扣除這筆費用，更有些會在客人到了現場後才從信用卡中扣費，不過這種情形很少見。

　　雖然一般來說，旅客只需憑訂房網站發出的住宿證明前往酒店即可，不過建議最好還是帶著當初上網訂房使用的那張信用卡，以防酒店櫃檯需要核對預定身分。

Agoda

Booking.com 繽客

Hotel Club

全球旅館訂房中心

為你

**Info** 訂房網站資訊

以下是幾家提供中文網頁的訂房網站：

☆ Agoda：www.agoda.com.tw
☆ Booking.com 繽客：www.booking.com
☆ Hotel Club：www.hotelclub.com.tw
☆ 全球旅館訂房中心：www.allhotel.com.tw
☆ 為你：www.venere.com

# Part 3

## 往返機場
### To/From Airport

# 自台灣機場出境

**Step 1** 前往航空公司櫃檯報到與託運行李

　　根據一般航空公司規定，至少需在飛機起飛前兩個鐘頭，前往航空公司櫃檯辦理報到手續。旅客抵達機場大廳時，可透過航班看板查詢辦理登機的航空公司櫃檯號碼，之後持護照和電子機票依序辦理 check-in 手續。

　　辦理報到手續時，請自行將大型託運行李放置於運送帶上過磅，必須注意的是，只要行李體積大於 56 x 36 x 23 公分，就必須託運無法攜帶上機；託運行李最好掛上英文姓名、住家地址以及電話的行李牌，一方面在提領時可以與他人的行李加以辨識，另一方面若是行李遺失，航空公司也能透過上方的資訊聯絡到持有人。

　　目前由於燃油費的提高，許多航空公司對於託運行李的重量都有嚴格的限制，普通航空公司規定每人可託運 20 公斤的行李，至於超重的部分則必須另外支付費用。託運行李每件都有一張行李條，必須妥善保管，直到抵達目的地並領取到行李為止，如果不幸行李遺失，該行李條就成為你追回行李的最佳憑據了。

**Info** 台灣機場飛往澳門各航空公司位置

桃園國際機場分為第一和第二航廈，旅客必須先確認自己搭乘的航空公司在哪個航廈，才能前往櫃檯辦理登機。其中除了長榮航空在第二航廈 3 樓外，澳門航空和復興航空的櫃檯都位於第一航廈 1 樓。台中航空站和高雄國際航空站內均分為國內和國際航廈，不過因為都只有一座航廈，所以無論搭乘哪家航空公司都不會搞錯。以下是各個機場的官方網站，機場詳情和從市區往來機場交通均可上網查詢：

☆ 桃園國際機場：www.taoyuan-airport.com/chinese
☆ 台中航空站：www.tca.gov.tw
☆ 高雄國際航空站：www.kia.gov.tw

  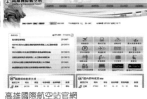

桃園國際機場官網　　　台中航空站官網　　　高雄國際航空站官網

## Step 2 護照查驗

辦理完報到手續後，旅客攜帶護照和登機證前往查驗櫃檯，依序排隊等候進入證照查證管制區。檢查證件的同時，請拿下口罩與帽子以便核對身分，同時禁止接聽或撥打手機。如果在台灣沒有戶籍，必須另外填寫一張出境登記表。

## Step 3 安全檢查

完成護照查驗工作後，進入機場的安全檢查區，這時必須將隨身所有行李（除了護照和登機證外）放置於輸送帶上進行 X 光檢查，手機、鑰匙、硬幣等金屬物品

也必須另外放置於置物籃中，過 X 光檢查。值得注意的是，打火機（每人限帶一個）、手機和照相機等鋰電池等必須隨身攜帶，不可託運。

近年來為預防恐怖攻擊，各國機場紛紛實施新安全措施，旅客可隨身攜帶的液態、膠狀及噴霧類物品，需符合以下規定，否則只能放置於託運行李中。

● 可隨身攜帶之液體類包括牙膏、飲料、香水和髮膠等物品，不過每項物品體積不可超過 100 毫升，並裝於不超過 1 公升且可重複密封之透明塑膠袋內。每人僅可攜帶一個密封塑膠袋，並於安全檢查時，放置於置物籃內過 X 光。

● 出境或過境途中，旅客在機場管制區或前段航線於航機內購買的液體類物品，可隨身帶上機，但包裝必須保持完整，並附有購買地點和日期的有效購買證明。

● 旅客搭機時必須服用但為符合上述規定之嬰兒奶粉（牛奶）或食品、醫療所需之藥物等，應先向航空公司洽詢，並於安全檢查時向安全人員申報。

**Step 4** 等候登機

登機證上通常會標示登機門號碼以及登機時間，完成所有的手續之後，旅客只需在登機時刻前，前往登機門登機即可。

# 抵達澳門國際機場

**Step 1** 入境審查

　　台灣遊客前往澳門雖然不需辦理簽證，但是仍必須填寫入境卡，記得在下飛機前先向空服員領取並填寫完整資料，以便通關使用。如果在飛機上沒有拿到入境卡，在入境審查大廳裡也可拿取。

入境卡

　　抵達澳門後，前往入境審查大廳，依序排隊辦理入境審查。審查時只需將護照和入境卡交予海關人員查驗即可，針對一般遊客海關人員通常不會提問，頂多只詢問停留天數以及住宿地點等相關問題。

**Step 2** 提領行李

　　辦妥入境審查手續之後，循指標前往提領行李處，途中會看見顯示班機航班的行李轉檯告示牌，核對正確的航班號碼後，朝告示牌指示的行李轉檯前等候行李。

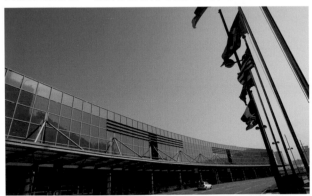

澳門旅遊局提供

　　必須注意的是，如果行李遺失或是發現有破損的狀況，應該對位於一旁的航空公司行李服務台提出申訴，遺失行李需出示當初辦理登機時的行李條，方便工作人員查詢與追蹤。

### Step 3 通過海關

　　領取行李後，最後一個步驟是通過海關。基本上來說，一般旅客沒有特別需要申報的東西，可直接從免報稅通道出關。除非你的免稅品或隨身攜帶日常生活用品超過標準太多，才有必要另行填寫海關申請表辦理報稅手續，並行走報稅通道，按照海關指示通關。

---

**Info**

澳門入境免稅物品數量規定：

☆ 旅行物品：隨身攜帶物品免稅額度為價值不超過 5,000 澳門幣之物品
☆ 菸草製品：成人可攜帶 100 支香菸、或 10 支雪茄、或 100 克菸草、或總重量不超過 125 克的上述物品
☆ 酒精飲料：成人可攜帶酒或酒精 1 公升
☆ 攝錄影機和 3C 產品：相機一部和底片 5 卷、錄影機一部、望遠鏡一部、手提音響一部、手提收音機一部和錄音機一部、手提打字機一部、手提電腦一部
☆ 其他：服飾、珠寶或運動用品

---

## Data

◎澳門國際機場：www.macau-airport.com

# 機場到市區交通

　　澳門國際機場（Aeroporto Internacional de Macau），代號為 MFM，位於路氹島的氹仔以東一塊條狀的填海地段上。雖然名為國際機場，但規模很小的它主要供中國大陸、台灣和東南亞航班停靠，機場提供多種連接市區的交通工具，包括酒店穿梭巴士、公共巴士和計程車，旅客可視個人情況與預算選擇。

## 酒店穿梭巴士

　　在澳門，不少氹仔的五星級酒店或度假村皆提供免費的穿梭巴士，往來於機場和酒店或度假村之間，包括威尼斯人度假村、新濠天地、銀河綜合度假城以及金沙城中心，如果不塞車，車程只

需 5 至 10 分鐘。穿梭巴士等候區位於機場北面的停車場，出關後右轉，直走出機場就可以看見，以下是巴士時刻表和可搭乘的酒店列表。

**從機場出發的免費穿梭巴士：**

| 提供穿梭巴士之酒店或度假村 | 適用酒店 | 時刻表 |
| --- | --- | --- |
| 威尼斯人度假村 | 威尼斯人酒店 | 10:00~22:30，每 15~20 分鐘一班。 |
| | 四季酒店（百利宮） | |
| 新濠天地 | 皇冠度假酒店 | 09:00~22:30、09:00~00:15 |
| | 君悅酒店 | 每 10~15 分鐘一班， |
| | 硬石酒店 | 22:30~00:15 每 50 分鐘一班。 |
| 銀河綜合度假城 | 悅榕庄 | |
| | 大倉酒店 | 10:00~23:00，每 15~20 分鐘一班。 |
| | 銀河酒店 | |
| 金沙城中心 | 金沙城喜來登酒店 | |
| | 金沙城康萊德酒店 | 10:00~22:30，每 15~20 分鐘一班。 |
| | 金沙城假日酒店 | |

＊穿梭巴士確切時間以各酒店或度假村現場公布時間為準。

　　如果你住宿的酒店位於澳門半島，其實也有免費酒店穿梭巴士可以搭乘，不過就必須先從機場搭乘穿梭巴士抵達上述位於氹仔的五星級酒店或度假村，再轉搭前往某些特定澳門酒店的穿梭巴士，或是轉搭前往港澳碼頭或關閘等地的穿梭巴士，再轉搭澳門半島酒店的免費穿梭巴士前往。

**從氹仔五星級酒店或度假村前往澳門半島的主要穿梭巴士：**

| 提供穿梭巴士之酒店或度假村 | 適用酒店 | 時刻表 |
| --- | --- | --- |
| 威尼斯人度假村 | 澳門港澳碼頭 | 09:30~00:00，每 5~15 分鐘一班。 |
| | 關閘穿梭巴士站 | 09:30~23:30，每 5~10 分鐘一班。 |
| | 金沙酒店 | 10:00~00:00，每 5~15 分鐘一班。 |
| 新濠天地 | 澳門港澳碼頭（右） | 09:00~00:00，每 7~15 分鐘一班。 |
| | 澳門港澳碼頭（左） | 09:00~02:00、22:00 以前每 10~15 分鐘一班，22:00 以後每 30 分鐘一班。 |

| 提供穿梭巴士之酒店或度假村 | 適用酒店 | 時刻表 |
|---|---|---|
| 新濠天地 | 關閘（右） | 09:00~00:00，每 6~15 分鐘一班。 |
| | 關閘（左） | 09:00~21:00，每 10~15 分鐘一班。 |
| | 新麗華酒店 | 11:30~00:30，<br>12:00 以前每 30 分鐘一班、<br>12:00~00:00 每 12~20 分鐘一班。 |
| 銀河綜合度假城 | 澳門港澳碼頭 | 09:00~00:05，每 5~10 分鐘一班。 |
| | 關閘穿梭巴士站 | 09:00~00:05，每 10~15 分鐘一班。 |
| | 星際酒店 | 10:00~00:05，每 7~10 分鐘一班。 |
| 金沙城中心 | 澳門港澳碼頭 | 09:30~23:30，每 10~15 分鐘一班。 |
| | 關閘穿梭巴士站 | 09:00~00:05，每 10~15 分鐘一班。 |
| | 金沙酒店 | 10:00~00:00，每 10~20 分鐘一班。 |

＊穿梭巴士確切時間以各酒店或度假村現場公布時間為準。

## 澳門半島提供往來港澳碼頭和關閘穿梭巴士的主要酒店：

| 提供穿梭巴士之酒店或度假村 | 適用酒店 | 時刻表 |
|---|---|---|
| 澳門美高梅酒店 | 澳門港澳碼頭 | 09:00~23:50，每 7 分鐘一班。 |
| | 關閘 | 09:15~18:00，每 15 分鐘一班。 |
| 澳門永利酒店 | 澳門港澳碼頭 | 09:00~11:45 |
| | 關閘 | 09:00~11:45 |
| 澳門金沙酒店 | 澳門港澳碼頭 | 09:00~00:00，每 10 分鐘一班。 |
| | 關閘 | 09:00~23:30，每 10 分鐘一班。 |
| 澳門十六浦 | 澳門港澳碼頭 | 09:00~23:00，每 15 分鐘一班。 |
| | 關閘 | 09:00~22:50，每 13 分鐘一班。 |
| 英皇娛樂酒店 | 澳門港澳碼頭 | 09:00~01:00，每 10 分鐘一班。 |
| | 關閘 | 09:00~00:00，每 15 分鐘一班。 |

＊穿梭巴士確切時間以各酒店或度假村現場公布時間為準。

## 計程車

　　從機場搭乘計程車前往酒店或其他目的地是最方便的交通方式，尤其澳門面積不大，當地的計程車資收費也不算貴，因此如果帶著大包小包東西，不妨就直接搭乘計程車吧！

　　當地的計程車和香港一樣稱為「的士」，收費標準為起跳 15 澳門幣，行經 1.6 公里後，每 230 公尺收取 1.5 澳門幣，乘客要求停車等候每分鐘收取 1.5 澳門幣，如果從澳門機場的的士等候區搭車，需多收 5 澳門幣，大件行李每件加收 3 澳門幣。其他附加費用包括從氹仔往路環多收 2 澳門幣、從澳門往路環則需加收 5 澳門幣。

澳門旅遊局提供

## 公共巴士

　　如果正好住在沒有免費穿梭巴士可以接駁的酒店，又不想搭乘計程車，也可以搭乘公共汽車前往市區，特別是上述穿梭巴士無法抵達的酒店或地點。從機場前往氹仔市區大約只需 10 分鐘，到澳門半島的大三巴和議

事亭前地一帶的中區則約需 20 分鐘，詳細巴士路線標示於站牌上，也可以事先上各公共汽車公司官網查詢（詳見 P.69），車資視路線和目的地不同，由於巴士不找零，故需自備零錢，相關資訊可參考下表。

**往來於機場和市區間的公共巴士：**

| 巴士車號 | 往來路線 | 票價（澳門幣） | 營運時間 | 營運單位 |
|---|---|---|---|---|
| 26 | 筷子基北灣↔路環市區 | 5 | 06:34~23:46 | 澳門新福利公共汽車有限公司 |
| 36 | 海洋花園瞭望台↔澳門機場 | 2.8 | 07:05~23:50 | 維澳蓮運公共運輸股份有限公司 |
| AP1 | 關閘↔澳門機場 | 4.2 | 06:30~00:20 | 澳門新福利公共汽車有限公司 |
| MT1 | 城市日前地↔澳門機場 | 4.2 | 07:00~21:32 | 維澳蓮運公共運輸股份有限公司 |
| MT2 | 城市日前地↔澳門機場 | 4.2 | 07:04~21:44 | 維澳蓮運公共運輸股份有限公司 |
| N2 | 筷子基北灣↔臨時客運碼頭 | 4.2 | 00:00~06:00 | 澳門公共汽車有限公司 |

＊確切巴士時間和票價以現場公布為準。

# 從香港前往澳門

　　由於港澳間陸海空往來交通方式便捷且多樣，因此不少前往香港的遊客會順道一遊澳門，又或者因為從台灣（或其他地方）前往香港的航班遠比澳門頻繁，航空公司的選擇也更多樣，因此也有不少人會利用香港進出，之後轉機、轉搭快船、甚至直升機前往澳門。

## 海路

　　往來於香港和澳門之間最便宜且方便的方式就是搭乘噴射快船，航程約 50 至 60 分鐘，且白天約每 30 至 60 分鐘一班，可謂相當方便。從香港共有三處地點可搭乘快船前往澳門，分別為位於香港半島上環信德中心的香港港澳碼頭、九龍半島尖沙咀海港城的中國客運碼

1、3：澳門港澳碼頭（澳門旅遊局提供）2：氹仔客運碼頭（澳門旅遊局提供）

頭，以及位於香港國際機場旁的海天客運碼頭。

營運港澳間噴射快船的航運公司共有兩間，分別為噴射飛航（TurboJET）和金光飛航（Cotai Water Jet），兩者均提供上述三處香港碼頭前往澳門的船班，但各自停靠澳門的主要碼頭不同。必須注意的是，噴射飛航主要停靠澳門半島的澳門港澳碼頭（或稱「外港客運碼頭」，漁人碼頭旁），金光飛航則主要停靠於路氹島的氹仔客運碼頭（澳門機場旁），因此遊客可視自己下榻的酒店或欲前往的地點選擇，此外，各大酒店也提供往來於碼頭的免費穿梭巴士，可多加利用。

在票價方面，分為平日或周末假日、日航與夜航，日夜航時間視季節或日期略有異動，日航通常為早上 6 點半至 7 點啟航，至晚上 5、6 點間，其他時間則為夜

1：金光飛航（金沙中國有限公司提供）2：噴射飛航（澳門旅遊局提供）

航，此外船艙內除一般開放式座位外，另有 4 至 8 人的貴賓廂（從香港機場前往澳門船班例外），因此票價除日夜航外也視座位而異，詳情可上官網查詢。搭乘飛航前還有件事必須注意，由於乘客必須辦理通關手續，因此最好提早 30 分鐘報到。

● 噴射飛船往來港澳船班資訊：www.turbojet.com.hk

| 起點 | 終點 | 船班 | 成人票價（港幣） |
|---|---|---|---|
| 香港港澳碼頭 | 澳門港澳碼頭 | 07:00~23:59 約每 15 分鐘一班，00:30~6:00 約每 30~75 分鐘一班。 | 159~2,101 |
| 中國客運碼頭 | | 07:00~22:30 約每 30 分鐘一班 | 159~2,574 |
| 海天客運碼頭 | | 12:00~22:00 約 75~120 分鐘一班 | 246~385 |

＊確切船班時間和票價以現場公布為準。

● 金光飛船往來港澳船班資訊：www.cotaijet.com.mo

| 起點 | 終點 | 船班 | 成人票價（港幣） |
|---|---|---|---|
| 香港港澳碼頭 | 氹仔客運碼頭 | 06:30~17:00 約每 30 分鐘一班，18:00~23:59 約每 30~60 分鐘一班。 | 160~2,000 |
| 中國客運碼頭 | | 08:00、09:00、11:00、12:00、13:30 | 160~2,000 |
| 海天客運碼頭 | | 13:15（周六停駛）、17:20 | 246~301 |

＊確切船班時間和票價以現場公布為準。

**提供往來於港澳碼頭穿梭巴士的主要酒店：**

| 區域 | 目的地 | 時刻表 |
|---|---|---|
| 澳門半島 | 澳門美高梅酒店 | 09:00~23:50，每 7 分鐘一班。 |
| | 澳門永利酒店 | 09:00~11:45 |
| | 澳門金沙酒店 | 09:00~00:00，每 10 分鐘一班。 |
| | 澳門十六浦 | 09:00~23:00，每 15 分鐘一班。 |
| | 英皇娛樂酒店 | 09:00~01:00，每 10 分鐘一班。 |
| 冰仔 | 威尼斯人度假村 | 09:00~00:00，每 5~15 分鐘一班。 |
| | 新濠天地 | 09:00~01:15，00:00 以前每 8~15 分鐘一班、00:00 以後每 30 分鐘一班。 |
| | 銀河綜合度假城 | 09:00~23:45，每 7~10 分鐘一班。 |
| | 金沙城中心 | 09:00~00:00，每 10~15 分鐘一班。 |

＊確切穿梭巴士時間以各酒店或度假村現場公布時間為準。

**提供往來冰仔客運碼頭穿梭巴士的主要酒店：**

| 區域 | 目的地 | 時刻表 |
|---|---|---|
| 澳門半島 | 澳門永利酒店 | 09:00~10:45 |
| | 澳門金沙酒店 | 07:45~23:50 每 10~15 分鐘一班，00:25、00:35、01:20、01:30。 |
| 冰仔 | 威尼斯人度假村 | 07:30~01:00，每 5~10 分鐘一班。 |
| | 新濠天地 | 09:00~00:15，23:00 以前每 10~15 分鐘一班、23:00 以後每 30~55 分鐘一班。 |
| | 銀河綜合度假城 | 08:00~00:05，每 10~15 分鐘一班。 |
| | 金沙城中心 | 07:30~02:40，每 5~15 分鐘一班。 |

＊確切穿梭巴士時間以各酒店或度假村現場公布時間為準。

## 航空

　　從香港除了可以轉機前往澳門外,也可搭乘直升機,空中快線(Sky Shuttle)提供每日早上 9 點至晚上 11 點間,每 30 分鐘一班的直升機服務,從香港上環的信德中心飛往澳門半島的澳門港澳碼頭直升機坪,飛行時間約 15 分鐘,平日費用每人約 3,900 港幣、特殊假日每人約 4,200 港幣。

　　注意,須於起飛前 15 分鐘抵達候機室,超出限額的行李也必須加收每公斤 250 港幣的費用,詳情可上官網查詢:www.skyshuttlehk.com,或電洽:+852-2108-9898。

空中快線(澳門旅遊局提供)

# Part
## 4

# 市區交通
*Transportation*

免費酒店穿梭巴士

公共巴士

其他交通方式

　　澳門因為觀光發達，因此大眾交通運輸便捷，包括酒店穿梭巴士、公共巴士和計程車。其中最常為遊客搭乘的是酒店穿梭巴士，因為不但免費，還能往來於機場、碼頭和主要酒店，以及議事亭前地、新口岸和氹仔城區的景點間。至於這些巴士到達不了的地方，像是下環和西灣、東望洋山以及路環島一帶，則可倚重公共巴士或計程車；想體驗充滿當地特殊旅遊風情的人，不妨展開一段人力三輪車之旅。

# 免費酒店穿梭巴士

　　酒店提供的免費穿梭巴士不只是往來於機場、碼頭和酒店間的接駁工具，更是穿梭於澳門半島和路氹島的利器，特別是針對 1 至 2 人成行的自助旅行者而言，不但便捷又舒適，既不花錢也不必擔心坐錯線或坐過站。

　　除了可利用氹仔的威尼斯人度假村、新濠天地、銀河綜合度假城以及金沙城中心等提供前往澳門港澳碼頭的巴士（詳見 P.53），或是澳門半島的永利酒店（09：00 至 10：45）和金沙酒店（06：30、07：30 至 02：35，每 15 至 30 分鐘一班）前往氹仔客運碼頭的巴士，往來於兩島之間外，部分酒店還提供前往當地主要景點的路線可多加利用。

　　除此之外，氹仔的威尼斯人、新濠天地、銀河綜合度假城和金沙城中心之間，彼此可以步行方式抵達，但

也各自提供接駁巴士往來，運行時間約從早上 10 點或
11 點開始，行駛至晚上 11 點，平均每 5 至 15 分鐘一
班，懶得走的人也可以利用這些巴士。

| 路線 | 去程 | 回程 |
|---|---|---|
| 澳門金沙酒店 ↔ 威尼斯人度假村 | 10:00~00:00， 每 5~15 分鐘一班。 | 10:00~00:00， 每 5~15 分鐘一班。 |
| 附近景點：威尼斯人度假村、百利宮、新濠天地、銀河綜合度假城、金沙城中心 | | |
| 威尼斯人度假村 ↔ 粵通碼頭 | 10:20~18:00，每 20 分鐘一班； 18:00~21:30，每 30 分鐘一班。 | 10:20~17:00，每 20 分鐘一班； 17:00~21:30，每 30 分鐘一班。 |
| 附近景點：澳門十六浦、文化會館和當舖博物館、新馬路 | | |

| 路線 | 去程 | 回程 |
|---|---|---|
| 威尼斯人度假村 ↔ 澳門金沙酒店 | 10:00~00:00，每 5~15 分鐘一班。 | 10:00~00:00，每 5~15 分鐘一班。 |
| 附近景點：金沙酒店、漁人碼頭、大賽車博物館、葡萄酒博物館、澳門文化中心和藝術博物館 | | |
| 新濠天地 ↔ 澳門新麗華酒店 | 11:30~00:30，其中 12:00~00:00 每 12~20 分鐘一班 | 11:00~23:00，每 12~20 分鐘一班；23:00~00:00，每 30 分鐘一班。 |
| 附近景點：英皇娛樂酒店、新葡京酒店、澳門郵政總局大樓、議事亭前地、民政總署大樓 | | |
| 新濠天地 ↔ 澳門塔 | 12:00~21:00，每 30 分鐘一班。 | 12:00~21:00，每 30 分鐘一班。 |
| 附近景點：澳門旅遊塔 | | |
| 新濠天地 ↔ 氹仔城區 | 12:00~21:00，每 12 分鐘一班。 | 12:00~21:00，每 12 分鐘一班。 |
| 附近景點：官也街、北帝廟、路氹歷史館、天后廟、嘉模教堂、龍環葡韻 | | |
| 銀河綜合度假城 ↔ 星際酒店 | 10:00~00:05，每 7~10 分鐘一班。 | 10:00~23:45，每 7~10 分鐘一班。 |
| 附近景點：永利酒店、美高梅酒店、文華東方酒店、觀音蓮花苑 | | |
| 銀河綜合度假城 ↔ 新馬路 | 10:00~21:45，每 10~15 分鐘一班。 | 10:00~21:45，每 10~15 分鐘一班。 |
| 附近景點：議事亭前地、民政總署大樓、澳門郵政總局大樓、玫瑰堂、盧家大屋、主教堂座、大三巴、澳門博物館、新馬路、文化會館和當舖博物館 | | |
| 銀河綜合度假城 ↔ 氹仔舊城區 | 11:00~21:00，每 10~15 分鐘一班。 | 11:00~21:00，每 10~15 分鐘一班。 |
| 附近景點：官也街、北帝廟、路氹歷史館、天后廟、嘉模教堂、龍環葡韻 | | |

＊穿梭巴士確切時間以各酒店或度假村現場公布時間為準。

# 公共巴士

澳門雖然總面積僅約 30 平方公里，不過卻擁有四通八達的公共巴士路線，其中光是市區就多約 35 條、離島將近 27 條，此外還包括 4 條通霄路線和 2 條從澳門港澳碼頭和氹仔客運碼頭往來於澳門機場的直通快線。

這些巴士路線全由澳門新福利公共汽車有限公司、澳門公共汽車有限公司以及維澳蓮運公共運輸股份有限公司三家公司經營，巴士行駛時間視路線以及平日或周末假日而異，除通霄路線外大多營運於早上 6 點至晚上 12 點之間，各路線與確切營運時間可上官網查詢。巴士分為大型和小型兩種，均附設空調，候車處設有站牌，站牌上標示各行駛路線及其中文和葡萄牙文站名。必須注意的是，澳門巴士採前門上車、後門下車的方式，搭乘時須留心。

　　票價部分不分營運公司而是因路線而異，氹仔區內和路環區內均 2.8 澳門幣，澳門半島內以及氹仔前往路環市區均 3.2 澳門幣，氹仔前往路環黑沙海灘或九澳灣為 3.6 澳門幣，澳門半島往來於氹仔為 4.2 澳門幣，澳門半島往來於路環為 5 澳門幣，澳門半島往來於路環黑沙海灘為 6.4 澳門幣，行李不另外收費。如果還是不清楚收費標準，可以在上車時，先注意投幣箱上方螢幕標示的票價。

由於澳門公共巴士不設找零，因此上車前記得先將
金額正確的車資準備好。另外澳門目前也推出一種類似
台北捷運悠遊卡的「澳門通」，這種感應式智能卡已全
面使用於所有澳門公共巴士上，除此之外還可以在便利
商店、自動販賣機或部分零售商店消費購買商品，相當
方便。

## 澳門公共巴士營運公司與資訊：

| 公司名稱（簡稱） | 網址與電話 | 營運路線號碼 |
|---|---|---|
| 澳門新福利公共汽車有限公司（新福利） | www.transmac.com.mo<br>+853-2827-1122 | 市區線：1A, 4, 5, 5X, 9, 9A, 16, 17, 28C, 32<br>離島線：15, 25, 25F, 25X, 26, 28A, 33, 34, 37, 39, AP1, MT4 |
| 澳門公共汽車有限公司（澳巴） | www.tcm.com.mo<br>+853-2885-0060 | 市區線：2, 2A, 6, 7, 7A, 12, 18A, 19<br>離島線：22, 22F, MT3<br>通宵線：N1A, N1B, N2, N3 |
| 維澳蓮運公共運輸股份有限公司（維澳蓮運） | www.reolian.com.mo<br>+853-2877-7888 | 市區線：1, 3, 3A, 3X, 8, 8A, 10, 10A, 10B, 10X, 18, 23, 27, 28B, 28BX, 31, H1<br>離島線：11, 28A, 30, 35, 36, 50X, MT1, MT2 |

## 10 大遊客使用公共巴士路線（粗體字為熱門景點）：

| 區域 | 號碼 | 路線 |
|---|---|---|
| 澳門半島 | 3 | 關閘←→台山、提督馬路、紅街市、**十六浦**、**新馬路**、葡京、**新口岸**（假日、理工、金沙／**漁人碼頭**）外港碼頭 |
| | 3A | 司打口←→內港碼頭、**新馬路**、**南灣**、**新葡京**／**永利**、星際／**凱旋門**、**觀音像**、文化中心、科學館、金沙／**漁人碼頭**、外港碼頭、東北區關閘 |

| 區域 | 號碼 | 路線 |
|---|---|---|
| 澳門半島 | 8 | 青洲 → 三盞燈、沙嘉都喇街、塔石廣場、水坑尾、葡京、**美高梅**、**觀音像**、**文化中心**、**科學館**、金沙／**漁人碼頭** → 回力／海立方 → 科學館、皇朝區、**永利**、財神、水坑尾、塔石廣場 → 鏡湖醫院、新橋區、俾利喇街、黑沙環、蓮峰廟 → 青洲 |
| | 10A | 外港碼頭←→**金沙**／**漁人碼頭**、科學館、文化中心、皇朝區、**永利**／**新葡京**、**南灣**、**新馬路**、內港客運碼頭、司打口、河邊新街←→**媽閣** |
| | 17 | 白鴿巢 → 觀音堂、**二龍喉**、永援／粵華、**東望洋新街（山頂醫院）**、葡京、皇朝區、**觀音像**、**文化中心**、金沙、海立方、東北區、關閘、雅廉訪、賈伯樂提督街 → 白鴿巢 |
| | 32 | 筷子基 → 高士德、外港碼頭、**金沙**／**漁人碼頭**、澳門理工、**新葡京**、**南灣**、立法會 → **旅遊塔** → 新葡京、假日、利澳、澳門理工、**二龍喉**、高士德、運順新邨、筷子基社屋 → 筷子基 |
| 澳門半島與路冰島 | 11 | **媽閣** → **新馬路**、**新葡京**、海洋花園、南新花園、亞威羅街、濠景花園／冰仔中央公園、**冰仔舊城區**、運動場／華寶花園、花城、湖畔大廈、海灣花園、澳門大學、新世紀、**新葡京**、**新馬路**、司打口、**下環** → **媽閣** |
| | 21A | **媽閣**←→**新馬路**、**新葡京**、新世紀、花城、運動場、**威尼斯人**／**新濠天地**／**金沙城中心**、科技大學、路冰邊檢大樓、駕駛學習暨考試中心、**小型賽車場**、石排灣、**熊貓館**、**路環市區**←→**黑沙海灘** |
| | 26 A | 筷子基北灣 ←→台山街市、紅街市、提督馬路、沙梨頭、**十六浦**、**新馬路**、**南灣**、**新葡京**、新世紀、花城、運動場／華寶花園、**威尼斯人**／**銀河**／**新濠天地**／**金沙城中心**、科技大學、路冰邊檢大樓、考車場、石排灣社區、**熊貓館**、**路環市區**←→**黑沙海灘** |
| | MT4 | 凱泉灣←→司打口、**媽閣**、**旅遊塔**、西灣大橋、海洋花園、賽馬會、運動場／華寶花園、**銀河**、**威尼斯人**／**金光會展**、路冰邊檢大樓、科技大學←→凱泉灣 |

# 其他交通方式

## 計程車

澳門的計程車分為兩種顏色，黑色車體白色車頂的「黑的」，為路邊攬客的一般計程車，至於全車體為黃色的「黃的」，則為電話叫車的定點接客計程車，不過兩者收費方式相同，起跳 15 澳門幣，行經 1.6 公里後，每 230 公尺收取 1.5 澳門幣，乘客要求停車等候每分鐘收取 1.5 澳門幣，如果從澳門機場的士等候區搭車，需多收 5 澳門幣，大件行李每件加收 3 澳門幣。其他附加費用包括從氹仔往路環多收 2 澳門幣、從澳門半島往路環則需加收 5 澳門幣，然而從路環往澳門半島或是從路環往氹仔則不加收任何費用。

**Data**

◎「黃的」叫車專線：
+853-2851-9519、+853-2893-9939、
+853-2828-3283

## 人力三輪車

人力三輪車是澳門當地最具懷舊特色的交通工具，1974 年時差點遭政府取締，後來在澳門旅遊局的堅持下才得以保存。三輪車和計程車一樣取得牌照，所以可以合法行駛於馬路上，目前多聚集於葡京酒店和澳門港澳碼頭外，除了前往定點外，也可以按時計費包車，費用每小時約 150 澳門幣，此外大部分車夫也提供 100 至 300 澳門幣的不同路線供乘客選擇，帶領遊客領略南灣和西灣一帶的風情。為避免之後發生不必要的爭議，搭乘人力三輪車前一定要先和車夫談好價錢。

1.2：澳門旅遊局提供

Part
5

遊玩澳門
Macau Must-See

# 澳門半島

　　澳門半島（Península de Macau）原本只是一座小島，後因珠江口泥沙淤積和多年填海的結果，形成今日與中國大陸相連的半島，共由花地瑪、聖安多尼、大堂區、望德和風順 5 個堂區組成。

　　其中位於北邊的花地瑪堂區面積最大，區內景點不多，包括昔日葡國軍營望廈山砲台、設有林則徐紀念館的蓮峰廟以及逸園賽狗場，不過最多人遊客來到此區的原因，是經過中國與澳門特區的關卡——關閘。

　　聖安多尼堂區則是人口最密集的一個區，知名的大三巴牌坊和大砲台都坐落於此，成為遊客必訪的核心；至於位於東面的望德堂區不但最小，就連纜車也同樣迷

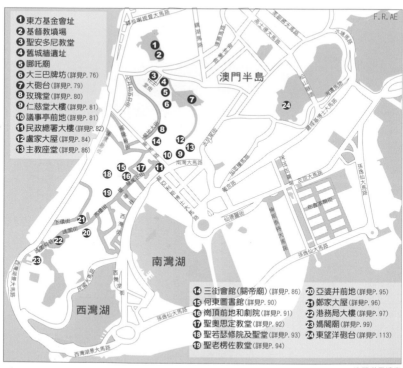

❶ 東方基金會址
❷ 基督教墳場
❸ 聖安多尼教堂
❹ 舊城牆遺址
❺ 哪吒廟
❻ 大三巴牌坊 (詳見P. 76)
❼ 大砲台 (詳見P. 79)
❽ 玫瑰堂 (詳見P. 80)
❾ 仁慈堂大樓 (詳見P. 81)
❿ 議事亭前地 (詳見P. 81)
⓫ 民政總署大樓 (詳見P. 82)
⓬ 盧家大屋 (詳見P. 84)
⓭ 主教座堂 (詳見P. 86)

F. R. AE

澳門半島

⓮ 三街會館 (關帝廟) (詳見P. 86)
⓯ 何東圖書館 (詳見P. 90)
⓰ 崗頂前地和劇院 (詳見P. 91)
⓱ 聖奧思定教堂 (詳見P. 92)
⓲ 聖若瑟修院及聖堂 (詳見P. 93)
⓳ 聖老楞佐教堂 (詳見P. 94)
⓴ 亞婆井前地 (詳見P. 95)
㉑ 鄭家大屋 (詳見P. 96)
㉒ 港務局大樓 (詳見P. 97)
㉓ 媽閣廟 (詳見P. 99)
㉔ 東望洋砲台 (詳見P. 113)

南灣湖

西灣湖

澳門世界遺產

你，帶領遊客上山一探東望洋砲台。坐落於半島南部的大堂區以林立豪華賭場的南灣為最大特色，不難推想此區人口何以第二多；最後是位於西南側的風順堂區，因保留了當地歷史悠久的教堂和廟宇而散發陳香。

## 大三巴到議事亭前地一帶

曾是遠東最大的天主教石砌教堂，儘管只剩前壁逃過祝融之災，卻依然足以成為澳門最具代表性的地標——大三巴。牌坊附近的街道古蹟和特色商店毗鄰而立，一路熱鬧延伸至原本就是澳門最繁華的議事亭前地，其中更錯落著多間充滿趣味的博物館，讓此區成為前往澳門最不可錯過的旅遊菁華區！

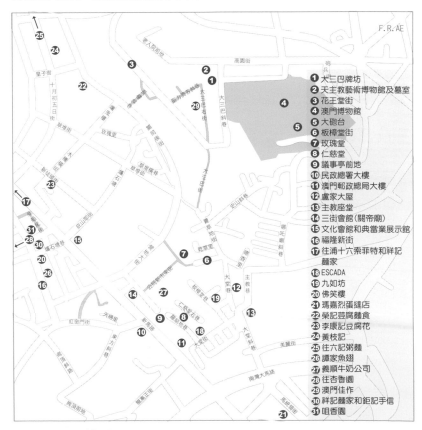

① 大三巴牌坊
② 天主教藝術博物館及墓室
③ 花王堂街
④ 澳門博物館
⑤ 大砲台
⑥ 板樟堂街
⑦ 玫瑰堂
⑧ 仁慈堂
⑨ 議事亭前地
⑩ 民政總署大樓
⑪ 澳門郵政總局大樓
⑫ 盧家大屋
⑬ 主教座堂
⑭ 三街會館(關帝廟)
⑮ 文化會館和典當業展示館
⑯ 福隆新街
⑰ 往浦十六索菲特和祥記麵家
⑱ ESCADA
⑲ 九如坊
⑳ 佛笑樓
㉑ 瑪嘉烈蛋撻店
㉒ 榮記荳腐麵食
㉓ 李康記豆腐花
㉔ 黃枝記
㉕ 往六記粥麵
㉖ 譚家魚翅
㉗ 義順牛奶公司
㉘ 往杏香園
㉙ 澳門佳作
㉚ 祥記麵家和鉅記手信
㉛ 咀香園

澳門旅遊局提供

## 大三巴牌坊

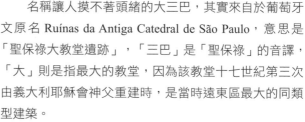

　　名稱讓人摸不著頭緒的大三巴，其實來自於葡萄牙文原名 Ruínas da Antiga Catedral de São Paulo，意思是「聖保祿大教堂遺跡」，「三巴」是「聖保祿」的音譯，「大」則是指最大的教堂，因為該教堂十七世紀第三次由義大利耶穌會神父重建時，是當時遠東區最大的同類型建築。

　　不過這座位於聖保祿山的天主之母教堂，卻在落成後約一個世紀被葡萄牙政府沒收，從此成了軍營和軍官宿舍，1835 年時再度遭遇火焚的厄運，昔日三座殿堂架構的空間，如今只剩下一道正面前壁、教堂前石階和部分地基，又因為形似中國人的牌樓而被稱為大三巴牌坊，一旁的聖保祿學院也同樣付之一炬。

　　牌坊高 27 公尺，以表面呈現花斑、屬於其中一種花崗岩的麻石打造而成，由下往上共分為五層，並裝飾著愛奧尼式柱、科林斯式柱以及混合式壁柱，底層的正門和側門上分別雕刻著拉丁文的「天主之母」（MATER DEI）以及耶穌會會徽「IHS」的浮雕。第二層除了點綴著玫瑰花飾外，最引人注目的要屬 4 尊出自澳門早期製炮工廠之手的耶穌會聖人銅像。位於中央的第三層最值得一探，說明了該教堂雖以歐洲文藝復興風格興建，卻融合了東方的藝術特色，仔細看中央的《聖母升天》，周圍裝飾的是牡丹和菊花，兩旁除生命之泉和智慧之樹外，海星聖母漂浮於西式帆船上，另一側踩在七頭龍上

的聖母旁則為中文刻著「聖母踏龍頭」，橫躺一旁的骷
髏同樣寫著「念死者無為罪」的字樣，另一端與它對稱
位置的魔鬼強調「鬼是誘人為惡」，另外在牆側還可以
看見大張著口、當成滴水口使用的中國舞獅浮雕。第四
層有著小耶穌雕像和釘刑刑具，最上層則以左右環繞日
月的聖鴿以山牆之姿收尾。

**Data**

大三巴牌坊
◎交通：由議事亭前地步
　　　　行前往約10分鐘

## 天主教藝術博物館及墓室

　　一把大火燒毀了聖保祿
大教堂，也讓這片空地因此

澳門旅遊局提供

一度被當成墳場使用，後來因為澳門政府在1990年代對
此遺址進行考古，於是將原本獻給天主之母的教堂內部
主祭壇所在的位置，修復為天主教藝術博物館及墓室（O
Museu de Arte Sacra e Cripta），以保存天主教自十七世紀
起在遠東傳教的歷史。

　　該博物館於1996年底對外開放，裡頭有一座花崗岩
墓穴，根據推測很可能是聖保祿學院的創始人范禮安神
父的長眠處，至於墓室兩旁牆壁的納骨龕中，則安放著
從路環島聖方濟各聖堂移葬至此的日本和越南殉道者。

**Data**

天主教藝術博物館及墓室
◎交通：由議事亭前地步
　　　　行前往約10分鐘
◎地址：大三巴牌坊後方
◎時間：09:00-18:00
◎門票：免費

　　博物館位於墓室西側，精緻的油畫、聖像以及聖器
等，展現了當地的天主教風情，這些來自澳門多間教堂
和修道院的收藏，又以四幅詮釋聖方濟各一生的油畫，
以及聖保祿學院中唯一躲過祝融之災的《聖彌額爾大天
神》最為珍貴。

## 澳門博物館

　　坐落於大砲台上，前身為氣象台的它，在葡萄牙建
築師馬錦途的改造下，成為一
座樓高三層的博物館，有趣的
是，新建的兩層全位於平台之
下，只有原本的氣象台建築露

出地面，盡可能保留了這座歷史古蹟的原始地貌和建築風格。

　　澳門博物館（Museu de Macau）於 1998 年 4 月開幕，是一座展示澳門多元文化與歷史變遷的城市博物館，第一層以「澳門地區文明的原始」為主題，時序從新石器時代揭開序幕，著墨十六世紀時葡萄牙人還沒來到澳門前各自的生活，以及後來這兩支民族因貿易而產生的宗教與文化接觸，進而誕生今日獨具特色的澳門文化。一進門，秦俑和葡萄牙的盧濟塔尼亞（Lusíadas）武士石雕便展現對比，在各色羅列文物中，又以青花瓷器最為吸睛，成套彩繪著歐式帆船和羅馬女神的茶器與瓷盤，充滿異國風情。

　　第二層則描繪「澳門民間藝術與傳統」，透過休閒娛樂、民間藝術、民俗慶典和宗教儀式等文化面向，生動重現澳門人的生活場景，無論是茶館、糕餅店、中藥鋪或神像店等，全都再現於眾人面前，還能聽到不同小販叫賣的原音，洋溢懷舊氣息。此外，也著墨於土生葡人的生活，透過一座客廳的擺設，展現了這支特色族群的混血文化。

　　第三層則介紹「澳門當代特色」，除了澳門今日的城市面貌與特色外，更搜羅許多以澳門為主題的藝術品和文學作品，讓參觀者從他人的角度窺看這座城市。值得一提的是，該博物館以實物、模型、影片、造景或圖

**Data**

澳門博物館
◎交通：由議事亭前地步行前往約 10 分鐘
◎地址：澳門博物館前地 112 號
◎電話：+853-2835-7911
◎時間：周二至周日 10:00~18:00
◎門票：全票 15 澳門幣、優待票 8 澳門幣
◎網址：www.macaumuseum.gov.mo

像等方式，勾勒出這片土地數百年來的演進，雖說歷史卻不乏味，是一座相當值得參觀的博物館。

## 大砲台

這座澳門最古老的砲台，原本是十七世紀時耶穌會教士的祭天台，後來在澳葡政府手中改建成堡壘，歷經 10 年工程才於 1626 年完工，它和南邊的媽閣砲台以及北邊的東望洋砲台拉出了一條防禦海盜的防線。長達三個多世紀的時間因駐軍而不對外開放，直至 1966 年這座位於澳門半島最高山，柿山上的禁區，才終於向眾人揭開它神祕的面紗。

大砲台（Fortaleza do Monte）以厚達 3.7 公尺的花崗岩打造基石，儘管原本的三層塔樓已不復見，其參雜貝殼粉砌出的高聳城牆依舊屹立，不過今日許多人登上柿山，多是為了可以飽覽澳門市區風光的視野而來。

**Data**

大砲台
◎交通：由議事亭前地步行前往約 10 分鐘

## 板樟堂街

名稱來自於玫瑰堂的板樟堂街，因為這座澳門歷史悠久的教堂早期興建時經費有限，於是只能以木頭簡單架板成室，而被稱為板樟堂。

長度雖然不到 200 公尺，卻洋溢著濃濃的歷史風情，鋪著美麗的白、黑色波浪狀葡國石，一路朝議事亭前地延伸。在葡萄人定居澳門的年代，這裡是他們獨占的社區，直到近代華人才被允許落腳於此，而新馬路和內港的興起於 1950 全 1960 年代帶來的繁華，

**Data**

板樟堂街
◎交通：由議事亭前地步
　　　行前往約 4 分鐘

似乎至今依舊都沒有消退的跡象。事實上，1990 年代的板樟堂街還是不可避免的一度沒落，不過在政府的重新整修下，這條擁有許多典型中式建築的街道，如今穿插著許多特色商店和平價連鎖品牌服飾店，特別是位於通往大三巴的途中，人頭攢動的景象終日可見。

## 玫瑰堂

全名為「聖多名我會老修院之至聖玫瑰聖母堂」（Igreja de São Domingos）興建於十六世紀，從它的興建史多少可看出該教會的篳路藍縷：最初因缺乏經費只能以板障圍出一方土地，豎立起十字架後就當成教堂使用，

於是被稱為「板障堂」，之後陸續籌得資金，於是運來木頭搭建教堂，隨之改稱為「板樟堂」，直到十七世紀時才改以石磚興建，然而今日的樣貌出現於 1828 年，是擅長建築的西班牙神父改建的成果，之後歷經火災後重建和多次整修，才能保存它當前美麗的模樣。

立面形似大三巴的玫瑰堂以淺黃色基調、搭配白色的線腳和浮雕，以及綠色的大門與百葉窗，散發出一種質樸中不失優雅的風情。20 根圓柱撐起層層向上遞減的前壁，其中第三層中央裝飾著象徵「萬福瑪莉亞」的 A.M 徽飾，兩旁則各以兩座甕飾平衡視覺，位於三角楣，擁有黑十字盾徽的花飾則為多名我會的標誌。

裝飾著花紋扭結式柱的教堂內部祭壇中央，供奉著一尊手抱幼年耶穌的玫瑰聖母（Our Lady of the Rosary）像，兩旁則分立聖道明和聖女加大利納瑟納，聖明道旁還有一尊受難耶穌像。1929 年時在教會的同意下，迎來了花地瑪聖母像，而每年 5 月 13 日舉辦的花地瑪聖母像遊行，更成為澳門當地最具特色的宗教活動之一。

**Data**

玫瑰堂
◎交通：由議事亭前地步行
　　　前往約 1 分鐘
◎地址：板樟堂前地
◎時間：10:00~18:00

## 仁慈堂大樓

在議事亭前地有一棟非常引人注目的雙層白色建築，上方頂著一座山牆，大大的寫著「仁慈堂」（Santa Casa da Misericórdia）的中葡文名稱。前身為 1491 年時由葡萄牙麗娜王后（Rainha Dona Leonor）創辦的「聖母慈善會」，1569 年時，澳門首任主教賈尼路（D. Belchior Carneiro）則將此慈善團體擴大為設有仁慈堂大樓、首座中國西式醫院白馬行醫院、孤兒院、老人院、痲瘋堂等濟貧助苦的機構，仁慈堂。

澳門旅遊局提供

**Data**

仁慈堂博物館
◎交通：就位於議事亭前地上
◎地址：澳門議事亭前地仁慈堂右巷 2 號
◎時間：周一至周六 10:00~13:00、14:30~17:30，周日和國定
　　　　假日公休
◎門票：全票 5 澳門幣，學生和 65 歲以上長者免費

而這座仁慈堂大樓為該組織的核心，最初興建於十八世紀中，不過今日這棟洋溢著新古典主義風格的歐陸建築落成於 1905 年，是後來改建的結果。如今 1 樓為澳門政府公證處，2 樓則為仁慈堂博物館，該博物館創立於 2001 年，共收藏約 300 件多與仁慈堂歷史相關或天主教文物，博物館必須從設立於一旁小巷的入口進入。

館內主要分成主展廳、會議廳和外廊區域三大部分，在琳瑯滿目的展品中，又以十八世紀葡屬印度時期的聖母和耶穌雕像、十九世紀的耶穌聖心像、印有耶穌會（IHS）徽飾的器皿等收藏值得一看，至於仁慈堂文物中，一部 1662 年撰寫的《澳門仁慈堂章程》手抄本是仁慈堂保存最久的文獻，白馬行醫院的古老銅鐘以及賈尼路主教的顱骨和全身油畫也相當珍貴。

## 議事亭前地

若要說澳門最知名的廣場，非議事亭前地（Largo

do Senado）莫屬，這片緊鄰新馬路、和板樟堂前地形成的三角地帶，名稱來自明朝時中國官員和葡萄牙人的議事機構——澳門議事會，也就是今日位於對街、稱之為「民政總署大樓」的建築，當時，歷屆澳門總督就任時都必須在此舉行儀式，並檢閱駐地的海陸軍隊。

鑲嵌著黑、白色波紋狀葡國石的議事亭前地，四周林立著十九世紀末的建築，其中民政總署大樓、仁慈堂和郵政局大樓等都被列入世界遺產，不過這座廣場給人第一印象的是位於中央的噴水池和天球儀，當地人甚至直接將它稱為「噴水池」。值得一提的是，噴水池原本的位置豎立的是一尊攻打前山砲台和殺害清朝將士的葡萄牙軍官美士基打（Vicente Nicolau de Mesquita）雕像，文化大革命時被群眾推倒，興建了這座擁有投射燈的噴水池，據說 1970 年代，它的七彩燈光一度成為當地居民的休閒勝地。至於噴水池中的天球儀靈感，則來自葡萄牙國徽上象徵航海遠征的渾天儀，環抱標示黃道和赤道的銅環，秋分點正對著民政總署大樓。

打從 1990 年代鋪設了葡國石之後，議事亭前地便成為一處行人徒步區，而它林立兩旁的平價服飾店、甜品店和餐廳等商家，更讓它成為當地最熱鬧的商業中心。

**Data**

議事亭前地
◎交通：可搭乘 2、3、3A、4、5、6、7、8A、10、10A、11、19、21A、26A、33 公共巴士前往

### 民政總署大樓

和議事亭前地隔新馬路對望的民政總署大樓（Edifício do Instituto para os Assuntos Cívicos e Municipais），是一棟框著泥棕色花崗岩的方方正正白色建築，長期以來，都扮演著澳門政治或市

政核心的地位。

透過文獻的繪圖，該建築於十六世紀興建時，應是一座洋溢東方風情的中式園林，當時

被當作中國朝廷和葡萄牙官員的對話場所，也就是所謂的議事亭。十八世紀葡萄牙人掌權後，便買下了這片土地，蓋起了一棟兩層樓高的巴洛克式建築，成為他們處理自治區內相關事務的辦公室。不過後來歷經長期使用和颱風破壞，大樓再度以新古典主義風格整修，今日外觀是 1940 年時落成的模樣，期間更先後成為博物館、法院和監獄等，直到 2002 年時才正式確認為民政總署同時易名。

澳門旅遊局提供

任憑坐落其中的機構或出入其中的對象更迭，這棟建築倒是沒有再改變過它的面貌。結構分為三進的它，最大特色是裝飾著大量葡萄牙青花瓷磚的牆腳，中央門廳屬於第一進，擁有當作展覽和公共空間的畫廊，大堂和許多角落均鑲嵌著石雕，包括一幅紀念麗娜王后創立仁慈堂的浮雕，在仁慈堂教堂被拆毀時送到這裡。

從一進的拱洞往上走可藉由迴廊階梯通往二樓的大禮堂和圖書館，不過在走上拱洞的石階以前，別忘了抬頭看看半圓形的木製條幅，最上方以葡萄牙文寫著「無與倫比忠誠的天主聖名之城」（Cidade do Nome de Deus, não há outra mais leal），是葡萄牙國王若昂四世（João IV）表彰澳門在葡萄牙被西班牙統治時，仍展現對葡萄牙忠誠的嘉勉。

如今當成民政總署舉辦公開會議和記者會的大禮堂空間寬敞，有著人製護壁地板和精美的天花板紋飾，其中還有一座供奉聖母和施洗者聖保羅的小教堂。至於1929 年啟用的圖書館以葡萄牙的瑪弗拉修道院圖書館（Biblioteca do Convento de Mafra）為藍圖，洋溢著葡

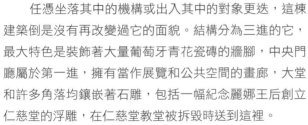

萄牙十八世紀的古典風格，裡頭藏書多達 3 萬冊，包括不少十七世紀至 1950 年代葡萄牙在非洲及遠東的古籍。

位於第三進的是一處別有洞天的花園，入口拱門裝飾著一道精緻的鑄鐵柵欄，四周裝飾著大量青花瓷磚。花園以一座花圃為中心，底部為一座噴泉，兩邊各有一座石球，分別雕刻著葡萄牙盾徽和象徵地理大發現的天球儀，至於圍於花圃兩旁的小庭園，則分置寫下《葡國魂》的葡萄牙知名詩人賈梅士（Luís Vaz de Camões），和教育家若奧・迪奧士（João de Deus）的半身像。

**Data**
民政總署大樓
◎交通：就位於議事亭前地前
◎時間：09:00~21:00

### 澳門郵政總局大樓

在議事亭前地旁有一座宏偉的新古典主義式建築，樓高三層的它最上方頂著一座鐘樓，每逢整點時總會響起悠揚的鐘聲。澳門郵政總局大樓由華人設計師陳焜培興建於 1929 年，猶如石砌的外觀其實是粉刷灰泥的結果，展現嚴謹的風格，喜歡收集郵票的人別錯過入內選購的機會。

**Data**
澳門郵政總局大樓
◎交通：就位於議事亭前地旁
◎地址：澳門議事亭前地郵政局總部大樓
◎電話：+853-2832-3666
◎時間：周一至周五 09:00~18:00、周六 09:00~13:00

### 盧家大屋

澳門旅遊局提供

除了古典歐陸建築外，在議事亭前地一帶也有不少中式建築，其中位於板樟堂街旁大堂巷的盧家大屋（Casa de Lou Kau），更因融合東西方風情而彌足珍貴。興建於 1889 年的盧家大屋又稱為「金玉堂」，屋主盧華紹及其

家族曾在澳門顯赫一時，從廣東新會移民到澳門的他，由早期開設銀錢找換的銀號，到後來的賭場，因獨具生意頭腦而賺進大筆財富，不過他也熱心回饋鄉里，以他兒子命名的盧廉若馬路、前身是盧廉若公園的盧家花園等，都可以看出盧氏與當地的密切關係。

　　以青磚砌成的盧家大屋布局仿效廣州關西大屋，展現晚清時期粵中民居溫婉纖細的建築風格，立面中段的內凹設計，落實了典型中式大宅的純厚，窗戶除了雕刻中式花草圖案的木頭窗板外，還採用西式百葉窗戶，尤其上方那兩扇更加飾半圓形彩色玻璃，以及精緻的弧狀灰塑。樓高兩層，內部則分為三進三開間，底層各為門廳、茶廳和正廳，兩進間各有一座提供通風和採光的通天內庭，甫進門，便可見一道為求擋煞而設立的屏風。

　　不過盧家後來沒落，因此這棟大屋落入外人之手後而慘遭分租命運，甚至因湧入大批難民，一度擠進20多戶人家，在缺乏維護的情況下，部分難逃拆除命運，大屋深受破壞，一直到2002年才在澳門旅遊局的搶救下進行修復，並於2005年中對外開放。

　　儘管部分建築已難重現，不過許多細節還是被保存下來，像是粵中地區常見的磚雕、灰塑、蠔殼窗、橫披和掛落等，其中可以發現不少壽桃、蝙蝠和銅錢，象徵長壽、福氣和財富等寓意的裝飾圖案，此外還夾雜了假天花、滿州窗、鑄鐵欄杆等西方元素，可謂巧妙融合東西建築形制，而使它成為保護建築。

**Data**

盧家大屋
◎交通：由議事亭前地步行前往約5分鐘
◎地址：澳門大堂巷7號
◎電話：+853-8399-6699
◎時間：周二全周日和國定假日 09:00~19:00
◎門票：免費

## 主教座堂

　　從盧家大屋面對著的小斜巷而上，可以來到全名為「聖母聖誕堂」（Catedral Igreja da Sé）的主教座堂，它是澳門天主教區的總堂，1622 年開始興建，落成後取代了瘋堂前地望德聖母堂的地位，暱稱為「大堂」。這座教堂還有一個逐漸被人們淡忘的名稱「望人寺」，但從今日四周林立高樓以及南灣因填海而地貌改變的情況下，很難想像過去婦女總是站在這處位於斜坡上的制高點，盼望出海的丈夫早日歸來。

　　主教座堂在 1849 年間重建，落成了今日新古典主義風格的外觀，1939 年時再度改建，以三合土和石砌為建材。高達 12 公尺的立面左右各聳立著一座鐘樓，裡頭的大鐘為紀念葡萄牙國王伯多祿五世（PedroV）登基而在英國製造。在三座大門中央的門楣上，以拉丁文刻著「獻給童貞瑪莉亞誕生」（SS.M.V MARIA E NASCENTI）的字樣。

　　有別於教堂外部門窗的墨綠色，室內以白色為主，供奉著耶穌受難像的主祭壇，則以淺綠色牆壁搭配色彩繽紛，以聖母為主題的彩繪玻璃，上方的半圓形窗則描繪聖母誕生的場景，至於祭壇兩旁的彩繪玻璃上則是十二使徒。

1.2：澳門旅遊局提供

### Data

主教座堂
◎交通：由議事亭前地步行前往約 5 分鐘
◎地址：澳門大堂前地 1 號
◎電話：+853-8399-6699
◎時間：07:30~18:30

## 三街會館（關帝廟）

　　關於三街會館（Pagode Sam Cai Vu Cun）的歷史已難以考究，不過據悉約出現於十八世紀末，話說遠在明

代末年，營地大街便已相當繁榮，甚至成為澳門的代名詞，於是原本就喜歡聚在一起聯絡感情的華人商賈，隨著業務量的暴增，昔日如媽閣廟和蓮峰廟等被當成議事場所的重要廟宇已無法滿足需求，遂有人建議興建會館。

　　所謂的「三街」指的是澳門最早的三條街道：營地大街、關前街和草堆街，這三條街的商行組成的會館在後來葡萄牙人統治時期，也被當成中、葡對話的唯一機關。儘管會館成立至今已多次整修，不過創立之初便已供奉該行祖師爺關公，最初議事場和關帝廟合而為一，不過隨著 1913 年澳門總商會的成立和當地經濟重心的轉移，會館逐漸失去作用，因此如今反而被視為廟宇。

　　關帝廟為一座青磚建築，屋脊上裝飾著灰塑，正門口以一道屏門阻擋，正殿內除了關帝外，還設有財帛星君與太歲等神壇，並展示多種歷史超過百年的錘、斧、戟等古代兵器。每逢關帝或財帛星君聖誕時，搭棚唱戲場景每每讓這座沉寂於歷史中的建築，再次恢復昔日生氣。

**Data**

三街會館（關帝廟）
◎交通：由議事亭前地步行前往約 2 分鐘
◎地址：澳門公局新市南街 10 號
◎時間：08:00~18:00

## 文化會館和典當業展示館

　　新馬路和庇山耶街轉角有一棟三層高的建築，壁面上大大寫著「德成按」三個字，相當引人注目！德成按是一間由富商高可寧經營的當舖，這位港澳知名的「典當業大王」，曾在 1930 年代掌控澳門博彩業長達 20 年的時間。該建築興建於 1917 年，不過 1993 年當舖結束營業後曾一度閒置，2000 年時因無主且有意出售於是被澳門政府收購，並在文化局規劃下成為今日的文化會館。

　　文化會館由下往上分別為典當業展示館、藝品廣場

1.2：澳門旅遊局提供

和金庸圖書館、茶藝軒及文畫展覽館，其中位於底層和貨樓的典當業展示館於 2003 年開幕，保留當舖文化。據說清末民初的澳門典當業相當盛行，幾乎可用成行結市來形容，賭徒輸了錢於是典當各種物品換錢應急，而當時的當舖還依規模大小分為「當」、「按」和「押」。

一入門便是「前廳」，一座厚重的紅色屏風替典當者遮羞，高高的櫃檯上以一道直達天花板的柵欄區隔，戒備相當森嚴。進閘後到了後堂，如今櫃檯上依舊陳列著帳本、文件和算盤等物品，讓人一窺其貌，仔細看右側還有一張分成很多方格的卡片，寫著月分、「天地玄黃宇宙洪」字樣和數字，這當舖用來收藏抵押品的「貨樓」，在這處以花崗岩砌成樓基的堅固空間裡鑲有鋼板，並開著小小的窗眼，給人嚴密堅實的感受，一層層的貨架猶如倉庫，曾經擺放過多少人渴求「翻本」的希望。

## Data

文化會館和典當業展示館
◎交通：由議事亭前地步行前往約 4 分鐘
◎地址：澳門新馬路 390 和 396 號
◎電話：+853-2892-1811
◎時間：文化會館周一至周五 10:30~19:00；周六和周日 10:30~21:00；
　　　　典當業展示館 10:30~19:00，每月第一個周一公休
◎門票：文化會館免費；典當業展示館 5 澳門幣
◎網址：www.culturalclub.net

### 福隆新街

文化會館對面有一條爐石塘巷，往下走可以來到福隆新街（Rua da Felicidade）。這條擁有許多紅色鐵拉門和窗戶的街道歷史相當悠久，曾經和附近福榮里、福寧里、清平直街、宜安街等構成繁華的商業地帶，不過福隆新街最令人津津樂道的，大概是那段身為紅燈區的歲月。

1932 年香港禁娼後，色情行業移轉到澳門，賭場和鴉片煙館也尾隨而至，全都在這條街上蓬勃發展，直到 1946 和 1949 年澳門禁賭和禁娼後，這條街才擺脫豔名，如今成為伴手禮品店、餅店、小吃店和餐廳的聚集地。值得一提的是，這條街上有間鼎鼎大名的百年大旅社——新華大旅店，1873 年開幕時是當地最風光的旅館，如今依舊保持原貌的它，成為懷舊遊客和背包客的最愛，王家衛的電影《2046》正是在此取景。

**Data**

福隆新街
◎交通：由議事亭前地步行前往約 6 分鐘

## 下環到西灣

從民政總署大樓往南走，會進入澳門半島上洋溢殖民時代歐陸氣息的下環區，無論是教堂、劇院甚至圖書館，都讓人彷彿走進時光隧道。再往南，就進入當初葡萄牙人登陸的媽閣，澳門最古老的廟宇至今依舊香火鼎盛，數百年來繼續守護子民。至於隔西灣湖與之對望的，是一棟截然不同的現代建築——澳門旅遊塔，登高遠眺甚至從事刺激的高空彈跳，都是它的亮點。

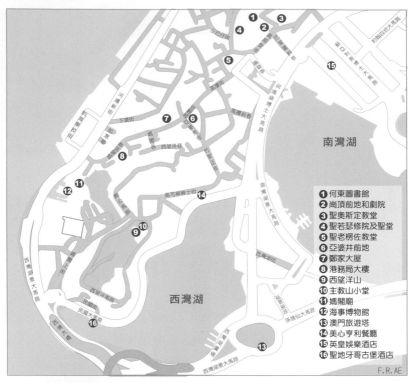

① 何東圖書館
② 崗頂前地和劇院
③ 聖奧斯定教堂
④ 聖若瑟修院及聖堂
⑤ 聖老楞佐教堂
⑥ 亞婆井前地
⑦ 鄭家大屋
⑧ 港務局大樓
⑨ 西望洋山
⑩ 主教山小堂
⑪ 媽閣廟
⑫ 海事博物館
⑬ 澳門旅遊塔
⑭ 美心亨利餐廳
⑮ 英皇娛樂酒店
⑯ 聖地牙哥古堡酒店

F.R.AE

## 何東圖書館

　　一道連環拱門，隔絕了一處綠蔭花園和葡式大宅，許多人從門前過，卻不知裡頭隱藏著一座足以代表澳門歷史、文化和建築的何東圖書館（Biblioteca Sir Robert Ho Tung）！何東圖書館興建於1892年，原是官也夫人（Carolina Antonia da Cunha）所擁有，在多次易主後，於1918年為最後一任屋主——何東爵士（Sir Robert Hotung）買下，這位中荷混血的香港富紳不但活躍於商場，同時涉足政治，曾在這棟別墅裡居住長達4年的時間，1955年過世後，將其捐贈予政府當成圖書館使用。

　　走進拱門後，一條兩旁綠意盎然的步道，穿過庭園後通往高達三層的葡式建築，鵝黃色的大樓底層還設

有一道迴廊。何東圖書館開放於
1958 年，隨著整修和擴建，讓它
陸續開放藏書樓、中文書庫和報刊
室、古籍藏書樓、資料室和視聽
室等，其中收藏著不少珍貴古籍，
像是明朝嘉靖年間的中國文史典
籍藏書、廣方言館書稿和《翁方綱
纂四庫提要稿》等。

　　走出這棟殖民式建築後，時
光的軸線突然急速前行，在同一座玻璃天棚
下，竟還籠罩著另一棟採用大片落地玻璃和
鋼骨結構的新大樓，這是圖書館於 2006 年時
新增的建築，讓何東圖書館成為全澳門最大
的公共圖書館，也帶來了時空交錯的特色。

**Data**

何東圖書館
◎交通：由議事亭前地步行前往約 4 分鐘
◎地址：澳門崗頂前地 3 號
◎電話：+853-2837-7117
◎時間：周一至周六 10:00~19:00、周日
　　　　11:00~19:00，公共假日公休
◎網址：www.library.gov.mo

新大樓旁還有一座後花園，妝點著藤蔓和盆栽，讓這座
原本已顯清幽的園林式圖書館更加恬靜。

## 崗頂前地和劇院

　　隔著東方斜巷與何東圖書館對望的正是崗頂
前地（Largo de Santo Agostinho），之所以被稱
為「崗頂」，和它位居古稱「磨盤山」的山崗之
頂有關。昔日，在澳門沒有如此多高樓群立的年
代，據說能由此俯瞰至南灣一帶的景色，就連丘
逢甲都曾在此望遠賦詩。

　　儘管失去了這樣的視野，崗頂前地卻因為周
遭環繞的歷史建築和人文背景而備受青睞，緊鄰
廣場旁的崗頂劇院便是其一，這座歷史悠久的劇
院由葡萄牙人集資興建於 1860 年，用來紀念葡
萄牙國王伯多祿五世，因此正式名稱實為「伯多
祿五世劇院」（Teatro de Pedro V）。原本只有主
體部分，後來這處葡萄牙人的公共聚會和大型慶

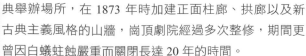

典舉辦場所，在 1873 年時加建正面柱廊、拱廊以及新古典主義風格的山牆，崗頂劇院經過多次整修，期間更曾因白蟻蛀蝕嚴重而關閉長達 20 年的時間。

如今這出現於中國的首座西式劇院，以 8 根愛奧尼式柱撐起高約 42 公尺的立面，並開著三處券洞，上方的山牆裝飾著豎琴的浮雕，而延伸出去的側立面上開了一扇扇羅馬圓拱式落地窗，充滿張力，整體建築以綠色為底，點綴著白色的線腳和浮雕，內部分為上下兩層坐位席，規模雖然不大，卻是中國首處放映電影的地方，也是普契尼歌劇《蝴蝶夫人》亞洲首演的舞台，寫下過無數歷史，至今也依舊提供音樂演奏等表演使用。

### Data

崗頂劇院
◎交通：由議事亭前地步行前往約 4 分鐘
◎地址：澳門崗頂前地
◎時間：周三至周一 10:00~18:00，公共假日照常開放

## 聖奧斯定教堂

苦難耶穌聖像出遊是澳門著名的宗教活動之一，那位出遊的耶穌，正是供奉於聖奧斯定教堂（Igreja de São Agostinho）主祭壇的聖像。因為位於崗頂，所以暱稱為崗頂聖堂。

其實聖奧斯定的小名不少，還包括「龍鬚廟」和「龍嵩廟」，背後有幾段有趣的故事。一說教堂初建時非常簡陋，只以棕櫚樹葉為頂，因此每逢大風吹來，被掀起的樹葉便如龍鬚般飄飛；也有一說是 1623 年時，當地居民不服首任總督馬士加路也（Mascarenhas），甚至占據大砲台攻擊躲到該教堂的他，造成嚴重損毀，於是只得先以葵簑抵禦風雨，該樹葉隨風起舞產生龍鬚飄揚般情景。

無論如何，教堂今日的模樣大致奠基於 1875 年的

重修，落成了擁有鐘樓的文藝復興時期古典風格。以磚木為建材，整體粉刷著淺黃色調，簡樸的立面高 17 公尺，搭配漩渦形飾窗以及白色線腳，以花崗岩打造的多立克式柱帶來平穩、對稱的視覺效果，撐起裝飾著聖母像壁龕的山牆。教堂內部以兩道拱型柱廊區隔出三處空間，包含 7 公尺寬的中殿和左右相擁的側廊。巴洛克風格的主

**Data**

聖奧斯定教堂
◎交通：由議事亭前地步行前往約 4 分鐘
◎地址：澳門崗頂前地 2 號
◎時間：10:00~18:00

祭壇供奉著苦難耶穌像，上方則掛著教堂主保聖奧斯定（Aurelius Augustinus）的畫像，這位古羅馬時期的聖人，以著作西方歷史上「第一部」自傳《懺悔錄》流芳後世，同時也是奧斯定會的發起人。

## 聖若瑟修院及聖堂

由修院和聖堂構成的聖若瑟（Seminário e Igreja de São José），從 1728 年經耶穌會士苦心經營 30 年後逐漸落成，它和聖保祿學院有著相仿的身世，同為耶穌會士興建、也是澳門早期的最高學府之一，肩負起培育天主教會中國和東南亞人才的重責大任。

因為規模略小於聖保祿的天主之母教堂，即今大三巴牌坊，因此聖若瑟聖堂被暱稱為「三巴仔」。這棟散發濃郁巴洛克式風情的建築以大量筆直或弧曲的線腳，裝飾搭配層層疊疊的立柱，勾勒出令人印象深刻的華麗立面，頂層兩邊各有一座鐘塔，不過最特別的是突出的正門入口，在從中開口、分裂的山牆裝飾下，更加充滿戲劇效果，牽引著人們的視線往上移，直達中央山牆的十字型徽紋，裡頭洛款著耶穌會的縮寫「IHS」。

在教堂右側的入口旁可以看見一塊十八世紀的聖堂奠基石，至於呈現拉丁十字型的中殿長達27公尺，上罩一座中央繪有耶穌會會徽、開著層層小頂窗的羅馬式穹頂，白天為室內帶來明亮的光線。主祭壇供奉著耶穌聖心像，兩旁裝飾著如麻花般扭結的螺旋柱，裝飾其上的金葉為彎曲的柱身帶來更多變化，呼應入口前廳中那4根支撐唱詩班席的木製盤旋柱，後者來自聖方濟各修道院。至於兩側祭壇則分別獻給教堂主保聖若瑟與無原罪聖母，其中聖若瑟祭壇安放有原收藏於路環島的聖方濟各‧沙勿略（Sao Francisco Xavier）的手肱骨，是教堂的一大瑰寶。

**Data**

聖若瑟修院及聖堂
◎交通：由議事亭前地步行前往約8分鐘
◎地址：澳門三巴仔橫街
◎時間：聖堂10:00~17:00，修院目前不對外開放

## 聖老楞佐教堂

建築起源已不可考的聖老楞佐教堂（Igreja de São Lourenço），是澳門最古老的教堂之一，根據推測，應該出現在十六世紀，當地人喜歡稱呼它為「風順堂」，據說和當年定居澳門的葡萄牙人為求經常前往海外經商的親屬，能順風順水一路平安歸來的吉祥寓意而得名，但也有一說是教堂早期設有風訊竿，於是「風訊堂」久而久之就變成風順堂了。

無論如何，這座坐落於高處的教堂多年來已成為當地天主教居民的信仰中心，歷經多次整修與重建，昔日耶穌會興建的木造小教堂，如今是一座左右兩翼聳立著方型鐘樓的宏偉建築。沿著階梯拾級而上，在不甚深的教堂前地布置著一座栽滿棕櫚和花卉的小庭園，黃白色的教堂點綴著前方的綠葉與紅花，陪襯著藍色的天空，形成色彩飽和的畫面。教堂內部空間也相當繽紛，

澳門旅遊局提供

黃色的牆面裝飾著白色的線腳與花草、貝飾浮雕，粉藍色的頂棚穿插著黃、白、綠色花樣的肋拱，彩繪玻璃將戶外陽光染色後投射入內，頂棚垂下一盞盞美麗的吊

### Data

聖老楞佐教堂
◎交通：由議事亭前地步行前往約10分鐘
◎地址：澳門風順堂街（由官印局街進入）
◎時間：10:00~17:00

燈……，屋頂兩旁開著圓形的高窗，彷彿引路般照亮中央半圓形的圓拱，下方的主祭壇中供奉著一尊聖老楞佐的雕像。

　　聖老楞佐是羅馬教會的七位執士之一，長年掌管教會財產的他負責接濟窮人，因而被羅馬總督認為教會擁有巨大財富，命他全部捐出。聖老楞佐於是聚集窮苦教友，引領他們前往總督府供總督清點「教會的財產」，結果被處以火刑因而殉教。

## 亞婆井前地

　　兩棵百年老榕樹以濃密的枝椏替廣場遮蔭，古典路燈和粉刷鵝黃色調的葡式民居則帶來歐陸風情，亞婆井前地（Largo do Lilau）這處昔日提供水源的寶地，原本是一座方便居民汲水飲用的水池，據說因明朝以前，此區住民都必須辛苦挑擔前往西望洋山取水，於是一位老婆婆出資請人引水至此而得名。無獨有偶，葡萄牙文名稱「Lilau」的意思是「山泉」，因此即使如今這裡已找不到水泉，人們曾因水源而聚集於此乃是不爭的事實，早期葡萄牙

人在此創立了當地最古老的住宅區之一。

不過據說亞婆井的水泉仍在，只不過正確的位置是在亞婆井斜巷盡頭的高地上，無論真假，這條鋪著碎石的狹窄巷弄兩旁林立著裝設一扇扇朱紅色百葉窗的建築，瀰漫思古幽情。

**Data**

亞婆井前地
◎交通：由議事亭前地步行前往約
　　　　12 分鐘，或可搭乘 18、
　　　　28B 公共巴士前往

## 鄭家大屋

面對著亞婆井前地，光從鄭家大屋（Casa da Cheang）的入口，難以推測它占地 4,000 平方公尺、身為澳門現存最大民居建築群的真實面目！

和盧家大屋同屬嶺南風格民居，建築上同樣融入大量西方特色，鄭家大屋卻是有過之而無不及，興建於 1881 年的它是中國近代思想家鄭觀應協助父親鄭文瑞興建的家屋，後來鄭觀應及兄弟不斷加以擴建，形成由多座不同風格建築共組的建築群，大小房間共超過 60 間。不過 1950 至 1960 年代，因子孫外出發展，使得大屋空出的空間轉而分租他人，據說一度曾多達 300 人共居於此，造成房屋負擔，再加上風吹雨淋和火災的考驗，當 2001 年澳門政府成功收購它時已殘破不堪。

耗費了多年的心力，並以「修舊如舊」的原則整建，2010 年當這座葡萄牙人統治時期被稱為「文華大屋」（Casa do Mandarim）的家族式建築群重新出現於世人眼前時，為一棟大內院連接「餘慶堂」及「積善堂」兩座四合院的大宅。以青磚修葺，

雖採用中式建築結構與格局，例如主入口向內收退的凹門斗、斜坡狀屋等和大量採用彩繪和灰塑淺浮雕的簷口；至於裝飾上則處處可見西式風情，像是主入口的假天花、拱型門洞、門窗楣外牆批盪等。

　　然而讓鄭家大屋成為歷史古蹟的不僅只是建築本身，事實上它的屋主鄭觀應 1894 年時，正是在此完成《盛世危言》一書，提出富強救國等救治時弊的方法，為近代中國思想注入新思潮，此外國父孫中山在香港西醫書院就讀時，也常在此與他議論時政，商討救國救民的大計。

## Data

鄭家大屋
◎交通：由議事亭前地步行前往約 12 分鐘，或可搭乘 18、28B 公共巴士前往
◎地址：澳門龍頭左巷 10 號
◎電話：+853-2896-8820
◎時間：周四至周二 10:00~18:00，周三公休（公共假日除外）
◎網址：www.wh.mo/mandarinhouse

## 港務局大樓

　　要說到澳門獨具特色的歷史建築，就不能不提港務局大樓（Quartel dos Mouros），這棟位於媽閣山邊的建築因借助斜坡地勢，加上頂部裝飾著角尖狀的凸飾，使得坐落於花崗岩石基上的它，給人一種猶如碉堡般堅固、居高臨下的姿態。如果仔細欣賞其外牆廊道與拱頂，會發現和之前所見的葡萄牙式建築截然不同，反而令人聯想起伊斯蘭風情，的確，落成於 1874 年的港務局大樓原為澳門印度籍警察的駐紮地，因此舊稱為「摩爾兵營」。

出自義大利籍設計師卡蘇杜（Cassuto）之手，以摩爾式尖拱頂和通花圍柵，勾勒出阿拉伯式廊道面貌，並裝飾著三葉草圖案，鮮嫩的黃白兩色粉刷，與上方的尖飾以及下方粗糙的花崗岩，形成一種強烈的視覺對比。該建築因位居內港入口的坡地，高起的地勢適合設置供漁民和居民得知颱風風球的信號站，於是 1905 年時搖身一變成為今日的港務局和海關前身的船政廳與水師巡捕所，因此又被稱為「水師廠」。不過隨著港務的增加，港務局辦公室已遷往他處，如今這裡僅當成政府辦公室使用，然而在它的開放草皮上仍可見一個裝飾性船錨，說明它曾肩負的責任。

### Data

> 港務局大樓
> ◎交通：由議事亭前地步行前往約 18 分鐘，或可搭乘 18、28B 公共巴士前往
> ◎地址：澳門媽閣斜巷
> ◎時間：外牆 09:00~18:00

## 西望洋山和主教山小堂

沿著迂迴的斜坡與台階而上，直至西望洋山的山頂平台，視覺突然一陣開闊，南灣湖和西灣湖的景色一覽無遺，就連澳門旅遊塔、西灣和澳氹大橋、甚至對岸的氹仔島也全都盡收於眼底。就是因為這樣居高臨下的地理位置，西元 1622 年時在此興建了一座防禦荷蘭人入侵的砲台，至於一旁聖母堂的出現，乃因和荷蘭海盜船相遇的葡萄牙航海者逃過一劫所許下的誓言。

澳門旅遊局提供

於是一座獻給葡萄牙弗朗加聖母的教堂始建於砲台旁，成為駐守當地的士兵的精神依歸，人們總習慣稱呼它為「卑拿聖堂」（Penha Church），也就是「海邊山岩的聖母小堂」，又因為位於西望洋山，所以也稱為「西望洋聖堂」。1892 年時，西望洋砲台堡遭到拆除，於是教堂得以擴建。1935 年時，天主教澳門教區的高若瑟主

教在聖堂旁增添一座主教宅邸，並同時將教堂重建為今日規模，於是從此它又多了一個名字，主教山聖堂。

聖堂的模樣樸實無華，呈現古典折衷主義風格，哥德式尖頂上聳立著一尊聖母像，凝視著平台上另一尊高踞立柱、眺望遠方的聖母像，一旁則伴隨著直指天際的鐘樓。聖堂附近還有一座露天禮拜堂，用來紀念 1858 年時聖母在法國西南方路德（Lourdes）小鎮顯靈的事蹟，鑿洞而成的路德聖母岩洞裡有著一尊聖母像和一座純白祭壇，樸質莊嚴。

## Data

主教山小堂
◎交通：可搭乘 9、16 號公共巴士前往濠璟酒店，後步行上山
◎地址：澳門西望洋山頂
◎時間：外牆 09:00~18:00

## 媽閣廟

據說，當初遠從歐洲遠渡重洋而來的葡萄牙人在媽閣登陸，因此取其諧音將澳門命名為「Macau」。

媽閣廟（Templo Chinês da Barra）無疑是媽閣的核心，這座供奉媽祖的廟宇可能是澳門最古老的寺廟。遠在明朝時，前往澳門一帶捕魚的漁民，便把這裡當成上岸補給和休息的地方，這群在喜怒無常的海面上討生活的人們希冀平安，因此第一座媽閣廟就在眾人祈福的願望下出現於 1488 年。

澳門旅遊局提供

經過長年擴建，這座背山面海、沿崖興建的古剎由 4 座主要建築構成，其中特別在清朝時兩度因遭颱風襲擊而整建，逐步奠定今日的面貌。穿過石獅鎮守、上方裝飾著綠瓦屋頂和雙魚吐珠雕飾的花崗岩牌坊後，會進入大殿，殿門因匾額刻著「神山第一」四個大字，而讓廟有「神山第一殿」的外號，根據門前石橫梁的刻文，該殿修築於明朝萬曆年間，可說是媽閣廟中最古老的建築，該殿神龕內供奉一尊媽祖金身。

續往右走會看見一道朱紅色牆身，中間開有一大圓洞，洞上橫匾以金字寫著「萬派朝宗」，該牆頂部由兩旁朝中央層層遞減，裝飾著大量琉璃瓦和彩繪浮雕，這裡便是「正覺禪林」。殿內除了供奉媽祖外，還有地藏王菩薩，亦能看到帆船模型等。該寺廟也流傳著一段故事，據說 1988 年那場大火燒毀了整座禪林，唯獨媽祖像逃過一劫，除遭燻黑外毫髮無傷，今日這棟建築也是後來重建的結果。

循階梯而上，可以看見隱身於石窟間的「弘仁殿」，這座直接鑿巨石而建的殿堂，窄小如一座涼亭，裡頭同樣供奉著媽祖，至於兩旁的石壁則裝飾著海中魔將色彩繽紛的雕刻，筆觸洋溢著濃厚的民俗氣息。

沿著曲折的山徑繼續往上走，兩旁的山崖間有著不少題字石刻，是歷年來前來參拜的文人墨客留下的詩文墨寶，楷、草、篆、隸各式字體飛舞石間，也成為媽閣廟的一大特色。行至最高處，才能抵達觀音閣，顧名思義裡頭供奉著觀世音菩薩，以及陪侍的金童玉女等，相較於之前的廟宇，此殿堂風格較顯素樸雅致。

## Data

媽閣廟
◎交通：可搭乘 1、2、5、6、7、9、10、
　　　　10A、11、18、21、21A、26、28B
　　　　公共巴士前往
◎地址：澳門媽閣廟前地
◎時間：07:00~18:00

## 海事博物館

在媽閣廟前臨海的位置、據傳就是昔日葡萄牙人登陸的地點，聳立著一座與澳門海上歷史相關的海事博物館（Museu Marítimo）。這棟造型現代的建

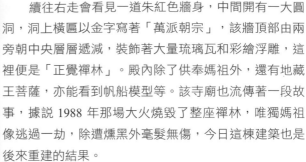

築落成於 1990 年，層層向外推進的正面外觀，令人聯想起船隻揚起的風帆。可別因此就以為這座博物館很新，事實上，早在 1919 年，當時的港務局局長阿瑟卡蒙拿海軍少將就提出此構想，之後便在港務局大樓設立了海事及漁業博物館，展示船隻模型與相關器具，不過 1934 年遷至外港的葡萄牙空軍飛機庫後，卻因二次大戰時遭空襲炸毀。

海事博物館的捲土重來是在 1988 年時，以一棟位於媽閣廟前地的 1940 年葡萄牙式建築為腹地，隨著捐贈和收購物品的增加，興建今日這棟新大樓容納。內部共分三層樓，展覽館分成海事民俗、海事歷史、海事技術三大展覽廳和一座水族館。由於澳門早期居民以漁業起家，因此在海事民俗展覽廳（Exposição de Etnologia Marítima）中可以看見各式捕魚器具和漁船、漁民服飾與藝術，以及息息相關的宗教信仰和節慶。海事歷史展覽廳（Exposição de História Marítima）中蒐羅了世界各地的船隻與模型，包括新幾內亞的獨木舟、埃及的三桅帆船、葡萄牙的卡拉維拉船等，並重現鄭和下西洋的盛況，以及中葡兩國十五至十七世紀的海事歷史。

海事技術展覽廳（Exposição de Tecnologia Marítima）則聚焦各種航海工具，除了常見的指南針和羅盤外，還有測量緯度的六分象限儀和八分象限儀等，並介紹潮汐、風向和水深等數據的測量設備與方式。至

澳門旅遊局提供

於水族館（Galeria dos Aquários）則模擬了多種水文環境，包括河流、海港、珊瑚礁等，除了悠游的魚群外，還能看見一系列的貝殼收藏。

**Data**

海事博物館
◎交通：可搭乘 1、2、5、6、7、9、10、10A、11、18、21、21A、26、28B 公共巴士前往
◎地址：澳門媽閣廟前地 1 號
◎電話：+853-2859-5481
◎時間：周三至周一 10:00~18:00
◎門票：全票周一至周六 10 澳門幣、周日 5 澳門幣，優待票周一至周六 5 澳門幣、周日 3 澳門幣；10 歲以下和 65 歲以上免費
◎網址：www.museumaritimo.gov.mo

澳門旅遊局提供

## 澳門旅遊塔

　　要說到澳門最令人心跳加速的景點，應該就是澳門旅遊塔（Macau Tower）了，這座位於南灣新填海區、西灣湖東南側轉角的高塔，已經成為澳門的現代地標！

　　細細長長的身軀挑起澳門最高天際線的大梁，出自紐西蘭知名建築師莫勒（Gordon Moller）之手，斥資超過 10 億澳門幣，落成於 2001 年、高達 338 公尺的它，是全世界第十高的獨立式觀光塔，可以承受每小時 400 公里的高風速，因此即使登上距離地面 223 公尺的觀光主層，也無須感到害怕。

　　共有三部玻璃電梯帶領遊客登上觀光主層，全程只需約 50 秒的時間，主層位於 58 至 61 樓，由下往上，分別為得以眺望珠江三角洲和部分香港離島的室內觀光主層，環繞一圈，澳門全景盡收眼底，尤其是透過玻璃地板往下看，讓人不得不抱著如履薄冰般的心情行走上方，忍不住四肢發軟。陸續登上的兩層為酒吧和咖啡館以及 360 度旋轉餐廳，如果想以比較悠閒的方式慢慢欣賞風景，不妨就挑一處舒適的座位休息。

　　然而想要擁有刺激體驗的人，建議前往 61 樓的室外觀光廊，除了足以遠眺 55 公里內的風光外，還可以從事各項刺激的戶外活動，心臟夠力的人不妨試試高飛跳（Sky Jump）或笨豬跳（Bungy Jump，高空彈跳），

它們都由「笨豬跳之父」AJ 哈克特（AJ Hackett）規劃，打從 2006 年開始已有數千人從這一躍而下，分別寫下「世界最高商業減速飛降」、「從建築物躍下之最高笨豬跳」和「世界最高商業笨豬跳設施」三項金氏世界紀錄。高飛跳以時速 75 公里的速度讓跳行者體驗飛行空中 20 秒的快感，紀錄保持人為一位跳時才 8 歲的小男孩，總共累積 82 次的紀錄；至於笨豬跳則以時速 220 公里的高速，讓人體驗歷時 4 至 5 秒成為自由落體的快感，接下來就是大約 4 次的回彈跳了。

澳門旅遊局提供

　　如果沒有一躍而下的勇氣，那麼就當當走鋼索的人吧！穿著「天行衣」並鉤上安全帶，在 233 公尺的高空，沿著 1.4 公尺寬、長 140 公尺的架空軌道展開一趟「空中漫步 X 版」（Skywalk X）。喜歡爬高或攀岩的人，應該會對「百步登天」（Tower Climb）感興趣，從 61 層往上徒手攀爬戶外階梯，歷經 100 公尺的垂直挑戰後，登上旅遊塔 338 公尺的塔頂，或許會讓人有種當上「世界之王」的感受，不過來回一趟約需 2 小時，參加前得考量個人體力。

　　其實也不是什麼活動都這麼「重口味」，如果真的懼高，旅遊塔的戶外廣場也有旋轉木馬和海盜船等娛樂設施，一旁的會展娛樂中心裡也有咖啡館、餐廳和賭場，或是可看一場 2D、3D 電影。

##  Data

澳門旅遊塔
◎交通：可搭乘 9A、18、21、23、32 號公共巴士前往
◎地址：澳門觀光塔前地
◎電話：澳門旅遊塔 +853-2893-3339，高飛跳、笨豬跳、空中漫步 X 版和百步登天 +853-8988-8656
◎時間：澳門旅遊塔周五至周五 10:00~21:00、周六 09:00~21:00，高飛跳、笨豬跳、空中漫步 X 版周一至周四 11:00~19:00、周五 11:00~21:00、周六和周日 10:00~21:00，百步登天周一至周六 11:30 和 15:30
◎門票：室內觀光主層和室外觀光廊全票 135 澳門幣、優待票 70 澳門幣，3 歲以下免費，高飛跳和笨豬跳首跳 1,888 澳門幣、第二跳 888 澳門幣，空中漫步 X 版 688 澳門幣，百步登天首爬 1,888 澳門幣、第二爬 999 澳門幣
◎網址：www.macautower.com.mo

## 新口岸

入夜後，頂級酒店和娛樂場璀璨的燈光，將新口岸照耀得無比通亮，令人難以想像在二十世紀以前，這裡其實是一片汪洋！為了都市化發展，這塊位於澳門半島東南方的區域，開始進行大規模的填海工作，於是此區最高的東望洋山以南開始出現土地，接著在 1980 年代開始，從農田變身住宅區和博彩區，而它大概也是目前澳門唯一擁有棋盤狀街道規劃的區域。

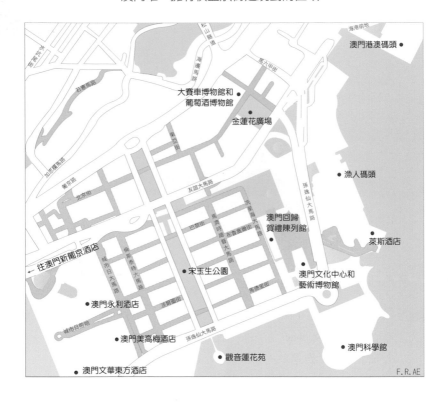

## 大賽車博物館

提起一級方程式賽車，就讓許多人熱血沸騰，澳門身為格蘭披士賽（Grande Prémio，大獎賽）的比賽場地之一，以其狹窄、上下坡起伏且多彎道的東望洋跑道著

稱，每逢 10 至 11 月大賽車期間，封街舉辦的熱鬧賽事除了讓賽車手一比高下外，也令觀賞者大呼過癮。

　　澳門格蘭披士大賽車最初只是 Carlos Silva 和 Fernando Pinto 等一幫熱愛賽車的葡萄牙人，決定在澳門曲折街道上展開的一段競速之旅，該構想獲得香港汽車體育會和澳門警方的協助，於 1954 年舉辦了第一屆的大賽車，沒想到反應不俗，於是從第二屆開始收取門票，到了 1975 年轉由澳門政府主辦，同年也正式列入國際賽車賽程表中。

　　1993 年開幕的澳門大賽車博物館（Museu do Grande Prémio）為了慶祝澳門格蘭披士大賽車邁入 40 周年而建，館內收藏了約千件與大賽相關的物品，來自政府部門和私人機構捐贈，其中最引人注目的自然是 20 輛曾在賽車場上寫下輝煌戰績的賽車，包括方程式賽車和摩托車，例如第一屆冠軍賽車，火紅的 Triumph TR，洗拿（Ayrton Senna）1983 年駕駛的白色三級方程式賽車，以及舒馬克（Michael Schumacher）的奪冠賽車等。

　　收藏品則包括洗拿的賽車服，以及與大賽車相關的照片、獎牌和紀念物，同時該博物館也對此運動擁有傑出貢獻的人物，像是素有「格蘭披治先生」之稱、同時也是德利車隊（Theodore Racing）創辦人的葉德利（Teddy Yip），以及菲律賓著名賽車手羅路（Arsenio "Dodgie" Laurel）和車神洗拿等人加以介紹，當然也提供與澳門格蘭披士大賽相關的知識。

## Data

大賽車博物館
◎交通：可搭乘 1A、3、10、10B、10X、23、28A、28B、28BX、28C、32
　　　號公共巴士前往
◎地址：澳門新口岸高美士街 431 號（位於旅遊活動中心內）
◎電話：+853-8798-4108
◎時間：周三至周一 10:00~18:00
◎門票：全票 10 澳門幣、優待票 5 澳門幣，10 歲以下和 60 歲以上免費；
　　　另有含葡萄酒博物館的套票 20 澳門幣

## 葡萄酒博物館

　　和大賽車博物館相鄰的葡萄酒博物館（Museu do Vinho）創立於 1995 年，儘管面積不大，卻是亞洲第一座葡萄酒博物館。葡萄牙生產葡萄酒的歷史非常悠久，其中又以波特酒（Vinho do Porto）廣為人知，在這間博物館中將能透過各項對葡萄酒的介紹，了解它在葡萄牙人生活中所扮演的角色。

　　葡萄酒博物館共分為三處展覽空間，歷史資料區（Informação Histórica）將葡萄酒跨越幾千年的歷史與發展，濃縮於一條集結圖片與文字的長廊中；酒窖（Adega）重現大型釀酒廠的場景，介紹釀製程序，並展出歷史悠久的榨酒機、銅製蒸餾器和羊皮酒囊等，此外還有將近 400 種非常珍貴的葡萄酒藏，其中包括一瓶 1815 年波特某座酒莊出產的馬德拉酒（Vinho da Madeira）。至於最後的展覽區（Sala de Exposições），則可欣賞到葡萄牙不同酒區的傳統民族服飾，並品嘗多種葡萄酒。

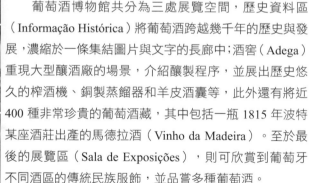

## Data

葡萄酒博物館
◎交通：可搭乘 1A、3、10、10B、10X、23、28A、28B、28BX、28C、32
　　　號公共巴士前往
◎地址：澳門新口岸高美士街 431 號（位於旅遊活動中心內）
◎電話：+853-8798- 4188
◎時間：周三至周一 10:00~18:00
◎門票：全票 15 澳門幣（包含品酒）、優待票 5 澳門幣，10 歲以下和 60
　　　歲以上免費；另有含大賽車博物館的套票 20 澳門幣

1.2：澳門旅遊局提供

## 漁人碼頭

　　位於金沙娛樂場旁，這間澳門首座主題公園和購物中心於 2006 年底開幕，工程共分兩期，目前開放的第一期以餐廳、購物和娛樂為主，未來預計於 2015 年完工的第二期，則將重心放在酒店、水療中心和會展中心。

　　建築風格融合世界風情，唐城展現中國古老文化、古羅馬表演場則重現競技場的宏偉，另外還有一系列葡萄牙館、威尼斯館、紐奧良館和阿姆斯特丹館等，讓人彷彿穿梭於影城的布景間。如果以主題區域來劃分，則分為唐城區、東西匯聚區和勵駿碼頭。

　　東西匯聚區頗具戲劇效果，一座高達 35 公尺的「火山」相當吸睛，遊客可以沿著外圍步道登高望遠。洋溢異國風情的「阿拉伯堡壘」下方，是寶石迷宮購物中心和一座占地 1,100 平方公尺的電動玩具中心，至於最適合拍照的「古羅馬表演場」，則不定期舉辦各類活動。勵駿碼頭適合逛街購物和用餐、賞景，除了特色商店、服飾店和珠寶店外，還擁有多間提供各國料理的餐廳，像是讓人仿若置身部落的燒烤餐廳非洲村、散發咖哩香氣的印度滋味，以及當地特色葡國菜的新賈梅士葡國餐

廳等,特別是這些店家全位於充滿特色的各國建築中,即使只是散步其中也充滿趣味。

## Data

漁人碼頭
◎交通:可搭乘3A、8、10A、12號公共巴士前往
◎地址:澳門新口岸友誼大馬路及孫逸仙大馬路羅馬館1樓
◎電話:+853-8299-3300
◎時間:漁人碼頭24小時開放,各店家視情況而異
◎門票:漁人碼頭免費,其他設施或表演則視情況而異
◎網址:www.fishermanswharf.com.mo

## 澳門科學館

在陽光下閃閃發光的澳門科學館(Centro de Ciência de Macau),猶如一座角錐狀的太空船,外觀大量採用銀色鋁鋼板的它充滿了未來科技感,出自國際知名建築大師貝聿銘的設計,該博物館於 2010 年開放,共由當作展覽中心的斜錐狀體、容納天文館的半球體,以及提供展覽和會議中心的菱形基座組成。

展覽中心高達 6 層,14 座展覽廳以螺旋狀向上攀升,主題分為兒童、科技、環境和生活四大類,其中最受歡迎的要屬神州七號同比例火箭模型、太空科學廳和機器人廳。至於天文館則是全球第三個擁有 8,000 x 8,000 像素頂級室內投影設備的球幕影院,直徑約 15 公尺的傾斜半球型銀幕,不但畫質清晰且提供 3D 影片,讓人彷彿真的置身太空。

## Data

澳門科學館
◎交通:可搭乘3A、8、10A、12號公共巴士前往
◎地址:澳門孫逸仙大馬路澳門科學館
◎電話:+853-2888-0822
◎時間:周五至周三 10:00~18:00,周四和農曆除夕公休,公共假日照常開放
◎門票:展覽中心成人 25 澳門幣、優待票 15 澳門幣,2 歲以下免費;天文館 2D 球幕全票 50 澳門幣、優待票 20 澳門幣,3D 球幕全票 65 澳門幣、優待票 30 澳門幣
◎網址:www.fishermanswharf.com.mo

## 觀音蓮花苑

　　澳門在回歸中國以前，誕生了一系列所謂的中葡友好紀念物，而這座位於新口岸近海，人口島上的觀音蓮花苑（Centro de Ecuménico Kun Iam）是最後一件，以一條 60 公尺長的步橋通往兩地。雕塑於 1999 年揭幕，踩踏於蓮座上的觀音高達 20 公尺，出自葡萄牙設計師李潔蓮（Cristina Rocha Leiria），或許正因為如此，這尊觀音不似當地人印象中常見遠眺海面的姿態，而是低頭望向陸地。直徑約 19 公尺的蓮座則高達 7 公尺，由 16 枚花瓣組成，當初為了落實這整件重達 50 噸的作品，是分成 47 個部分到址安裝。花苑為上下兩層，分別設有販售文畫類書籍的觀賞室，以及小型宗教專題圖書館和多功能展覽廳。

### Data

觀音蓮花苑
◎交通：可搭乘 10A、17 號公共巴士前往
◎地址：澳門孫逸仙大馬路
◎電話：+853-2875-1516
◎時間：周六至周四 10:00~18:00
◎門票：免費

1.2：澳門旅遊局提供

## 澳門文化中心和藝術博物館

　　占地廣達 45,000 平方公尺的澳門文化中心（Centro Cultural de Macau），占據了金沙酒店以南、孫逸仙大馬路以西和以北，以及冼星海大馬路以東的長方形區塊，這片落成於 1998 年的文化藝術表演場地，於隔年由當時的葡萄牙總統沈拜奧（Jorge Fernando Branco de Sampaio）親自剪綵。文化中心內除了擁有大小兩座劇院的大樓、提供休憩場所的景觀公園外，遊客最常拜訪的就是藝術博物館（Museu de Arte de Macau）。

　　開幕於 1999 年的澳門藝術博物館，以昔日賈梅士博物院以及歷年來的收藏為主，館藏融合東西方歷史，更橫跨考古至現代，其中包括珍貴的黑沙考古出土的陶器和石器、石灣陶器、明清廣東書畫和廣東名家篆刻等，以常設展的方式在 4 樓展出，另一項固定展出的館藏為十九世紀出現於澳門和鄰近地區的西洋繪畫，透過外國藝術家的眼睛看見早年的澳門風光，該展示廳位於 3 樓。

　　除了這些長期的展覽外，澳門藝術博物館也和其他國家或美術館合作，定期推出各種主題的特展，曾舉辦過「拿破崙宮廷藝術展」、「相看相知──影像非洲」、「城市的臉──全球海報創作邀請展」、「澳門藝術櫥窗：大無知時代──君士坦丁作品展示」以及「移動‧記憶──第五十四屆威尼斯國際藝術雙年展‧中國澳門展館」等，主題千變萬化，而這類大型特展多於 2 樓展

覽館中舉行。另外在底層樓除了展出新進藝術家作品外，還有一座圖書館和獨立的小放映室，裡頭收藏了約 500 部經典影片和動畫供民眾欣賞。

澳門旅遊局提供

## Data

澳門藝術博物館
◎交通：可搭乘 3A、8、10A、12、N2 號公共巴士前往
◎地址：澳門新口岸冼星海大馬路澳門文化中心
◎電話：+853-8791-9814
◎時間：周二至周日 10:00~19:00
◎門票：全票 5 澳門幣、優待票 2 澳門幣，12 歲以下和 65 歲以上免費，周日所有人免費
◎網址：www.mam.gov.mo

## 澳門回歸賀禮陳列館

位於澳門藝術博物館旁的澳門回歸賀禮陳列館，所在地原本是 1999 年 12 月 20 日中葡舉辦回歸儀式的場所，在拆除臨時會場後，就於原址上興建這座三層樓高的陳列館，裡頭收藏了來自中國各省分、自治區、甚至香港特區等送上的賀禮，許多都具有濃厚的地方特色，像是四川省的《九寨溝大熊貓圖》，以並列中國四大名繡的蜀繡製成，展現中式水墨畫般的清秀雅致；湖北省的《普天同慶》仿照戰國時期曾侯乙墓出土的編鐘，製成一整座大大小小的鑄銅樂器；甘肅省的《敦煌伎樂慶回歸》銅雕，展現罕見的失蠟法鑄銅和鎏金等技術……這些全都展示於陳列館的 1 樓。

1.2：澳門旅遊局提供

### Data

澳門回歸賀禮陳列館
◎交通：可搭乘 3A、8、10A、12、N2 號公共巴士前往
◎地址：澳門新口岸洗星海大馬路（澳門文化中心旁）
◎電話：+853-8504-1800
◎時間：周二至周日 10:00~19:00
◎門票：免費
◎網址：handovermuseum.iacm.gov.mo

# 東望洋山一帶

新口岸後方高起的一座小丘被稱為東望洋山（Colina da Guia），不同於前者娛樂場所和頂級飯店林立下的紙醉金迷和奢華風情，此區呈現的是閒適風光。

種滿松樹的小山四周環繞著大樓，山上的纜車、燈塔和教堂是東望洋山的特色；每年，澳門格蘭披士大賽車期間車手呼嘯而過的東望洋賽道，正是位於這座山靠海的那方。山下還有一座昔日盧家私人花園改建的盧廉若公園，至於鄰近的國父紀念館和婆仔屋，則是說明中葡融合歷史背景的建築。

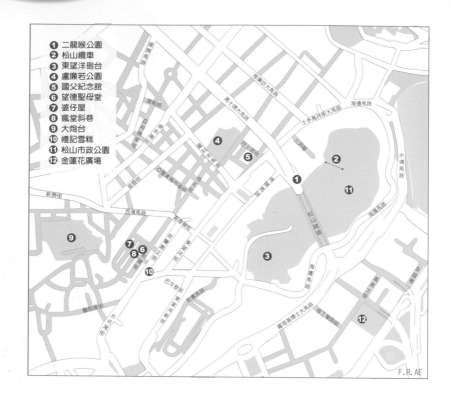

1 二龍喉公園
2 松山纜車
3 東望洋砲台
4 盧廉若公園
5 國父紀念館
6 望德聖母堂
7 婆仔屋
8 瘋堂斜巷
9 大炮台
10 禮記雪糕
11 松山市政公園
12 金蓮花廣場

F.R.AE

## 二龍喉公園

　　東望洋山山腳下、松山纜車站所在地，便是二龍喉公園（Jardim da Flora），其名稱根據《香山縣志》記載，來自昔日湧現於此的兩座大、小龍喉名泉。十九世紀中期以前，這裡還是一座荒丘曠野，後來在亞美打神父（Padre Vitoriano de Almeida）的改造下闢為園林，十九世紀末又被葡萄牙人買下當作澳門總督官邸，因此又被稱為「兵頭花園」（「兵頭」意指澳督）。

　　澳督遷出後，1959年改建為公園對外開放，歷經多次擴建，如今成為澳門半島上唯一擁有動物園的公園，黑熊、孔雀、獼猴等動物為城市提供野趣，遊客可沿著山道漫步，夏日欣賞蓮花池的美景。

**Data**
二龍喉公園
◎交通：可搭乘 2、2A、6、9、9A、12、17、18、18A、
　　　　19、22、23、28C、32 號公共巴士前往
◎地址：澳門士多鳥拜斯大馬路
◎時間：06:00~20:30
◎門票：免費

## 松山纜車

全長 186 公尺的松山纜車，搭乘一趟不到 2 分鐘的時間，可說是全世界最短的纜車之一，連接東望洋山腳下的二龍喉公園和山頂上的松山市政公園，於 1997 年啟用。

貌似一座臥琴的東望洋山過去稱為「琴山」，今日葡萄牙文名稱來自於十七世紀初，帶領荷蘭人攻打澳門的名將；後來因十九世紀時，葡萄牙統治者在這座山上種植大量松樹而得別名「松山」。搭乘這段纜車上山，除了可欣賞到東望洋山濃密的綠意外，還可以鳥瞰整座二龍喉公園內的步道與設施，以及四周環繞高樓的風光。

**Data**
松山纜車
◎交通：可搭乘 2、2A、6、9、9A、12、17、18、18A、19、22、23、28C、32 號公共巴士前往
◎地址：澳門二龍喉公園
◎時間：周二至周日 08:00~18:00
◎門票：全票單程 2 澳門幣、來回 3 澳門幣，優待票（2 歲以上兒童、18 歲以下學生和 65 歲以上長者）無論單程或來回均 2 澳門幣

## 東望洋砲台

東望洋山上有三大名勝古蹟，分別為東望洋砲台（Fortaleza da Guia）、位於砲台上的東望洋燈塔（Farol da Guia），和聖母雪地殿教堂（Igreja de Nossa Senhora da Guia）。

1~3：澳門旅遊局提供

這座澳門古老的砲台始建於 1622 年，後來在 1637 年時加以擴建，面積約 8,600 平方公尺的它，地處澳門的制高點，也因此坐擁俯瞰全澳門和珠江口的視野，由此不難想見曾經擔任主要防禦堡壘和觀測站的角色，在 1976 年葡軍撤出當地以前，它都是一處神祕的軍事禁區。這座不規則的砲台圍繞著一道以花崗岩打造的 6 公尺圍牆，女兒牆上有架設大砲的凹口，此外還有以 4 組 47 至 456 公尺長的隧道相連的防空洞，洞內建設發電機、貯油槽以及燈塔升降梯等設施，如今成為展覽廳，以照片重現昔日面貌。砲台上有一座遠東最古老的燈塔，由土生葡人羅扎設計，於 1965 年正式啟用，最初只以一盞煤油燈發光，不過如今卻是能照明至澳門四周 25 海浬的巨型投射燈。燈塔高 15 公尺、內部分為三層以迴旋梯相連的建築，值得一提的是，澳門今日標示於世界地圖上的經緯度，正是以它為座標。

與燈塔相鄰的是聖母雪地殿教堂，雪地聖母是葡萄牙人的航海守護神，教堂興建於荷蘭人入侵澳門的年代，據說聖母曾步出教堂外以自己的斗篷抵抗敵軍砲火，不過今日這棟看來有些像中文「合」字的建築，是 1637 年時重建的結果。教堂 L 型的內部結構洋溢著十七世紀葡萄牙式修道院特色，長方形的主堂盡頭為供奉聖母的主祭壇，祭壇右側設有一間祭衣房，至於狹窄的唱詩班席位於入口上方，但必須從戶外階梯進入。

1996 年澳門政府展開教堂的修復工程時，發現室內牆壁彩繪大量壁畫，聖母、聖人、雙頭鷹、獅子、牡丹、蝙蝠、盆栽等全躍上主題，筆法更融合中國繪畫技巧與

西方用色方式，展現了華南地區罕見的藝術大成。教堂後方另有一座古鐘，上方刻有「此鐘為澳門市最高首長狄西亞總隊長於 1707 年為東望洋山聖母隱修院而製」的文字，據說這個於 1824 年重鑄的鐘，幾百年來除了為教堂服務外，每當有船隻靠岸時也有通報作用，還會依不同的抵達方向敲打不一樣的節奏。

## Data

東望洋砲台
◎交通：可搭乘 H1、2、6、28C 號公共巴士前往得勝斜巷站，後步行上山
◎時間：砲台 09:00~17:30、聖母雪地殿教堂 10:00~17:00
◎門票：免費
◎注意：東望洋燈塔內部不對外開放，聖母雪地殿教堂內部不可拍照

## 盧廉若公園

由盧家大屋屋主盧華紹命人興建的盧廉若公園（Jardim Lou Lim Lok），於 1925 年時由其子完工而得名，古稱「娛園」。這座令人聯想起蘇州園林獅子林的花園，出自香山人劉吉六的設計，不過今日的面貌是 1974 年澳葡政府整修後的模樣，只保留了昔日「盧家花園」的南段。

過去用來接見客人的「春草堂」是整座花園的焦點，1912 年時，孫中山曾在此接見澳門的名人與革命人士，不過物換星移，儘管迴廊、樓閣、曲橋、假山、流水依舊，盧園卻不再藏私，而成為遊人平日休憩的綠地。

此外，公園內還設有一座中國茶文化館（Casa Cultural de Cha de Macau），由建築師馬若龍設計，於 2005 年對外開放，在這種結合葡萄牙式迴廊與中國瓦片屋頂的建築裡，展現了澳門十七世紀以來身為中國茶葉

通往西方世界轉運站的重要背景，館內以茶杯、茶壺、茶罐等飲茶工具，搭配「茶畫」、「茶聯」、1960 至 1970 年代的茶樓宣傳單，甚至舊茶莊的模擬店面等，展現當地的茶文化與歷史。

## Data

盧廉若公園
◎交通：可搭乘 2、2A、5、9、9A、12、16、22、25、25X、28C、N2 號公共巴士前往
◎地址：澳門羅利老馬路 10 號
◎時間：公園 06:00~21:00、茶文化館周二至周日 09:00~19:00
◎門票：免費

## 國父紀念館

國父孫中山早年就讀於香港西醫書院，經常往來於澳門，除了和友人常聚外，這裡也是他最初懸壺濟世和展開革命活動的根據地。

這棟擁有伊斯蘭風情的建築，原先為其兄孫眉所建，後來因 1930 年兵頭花園火藥庫爆炸波及獲得賠款，於是孫中山之子孫科利用這筆經費和機會，重建為今日三層樓高的樣貌，一直到 1952 年，孫中山元配夫人盧慕貞過世前，她都和兒子居住於此。

該建築於 1958 年時改設為國父紀念館（Casa Memorativa Sun Yat Sen），門前扁額的題字出自于右任之手，館前有一座小花園，裡頭聳立著一尊由孫中山日本友

人梅屋出資打造的國父銅像，背後襯著「天下為公」四個大字。館內除了解説台灣風土民情的「台灣民俗與建築展覽室」，保留孫中山使用過的生活用品、行醫工具以及擔任大元帥時期的文物與家具的「國父史蹟展覽室」，和收藏從少年時期、擔任大總統、到北上談判等生平照片的「國父生平圖片室」外，還保留了盧慕貞的臥室以及孫科的書房等原貌，藉由日常點滴了解孫中山一家。

## Data

國父紀念館
◎交通：可搭乘 2、2A、4、9、9A、12、18、18A、19、22、25、25X 號公
　　　共巴士前往
◎地址：澳門文第士街 1 號
◎時間：周三至周一 10:00~17:00
◎門票：免費

## 望德聖母堂

　　1568 年，在澳門開埠不久後，望德聖母堂便已出現。當時，澳門的首任天主教主教賈耐勞（Belchior Carniero Leitão）來到這裡，因為發現當地有許多痲瘋病人，於是創立了仁慈堂、白馬行醫院和拉匝祿痲瘋病院以濟貧救苦，並在一旁以木頭搭建了一座簡陋的教堂，聖拉匝祿堂（Igreja de São Lázaro），即望德聖母堂的前身。聖拉匝祿是痲瘋病的守護聖人，由於這座教堂主要供染上痲瘋病的教友使用，因此又被稱為「瘋堂」或「發瘋寺」。

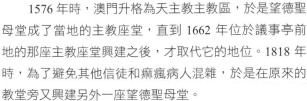

　　1576 年時，澳門升格為天主教主教區，於是望德聖母堂成了當地的主教座堂，直到 1662 年位於議事亭前地的那座主教座堂興建之後，才取代它的地位。1818 年時，為了避免其他信徒和痲瘋病人混雜，於是在原來的教堂旁又興建另外一座望德聖母堂。

　　擁有 400 多年的歷史，儘管未被列入澳門歷史城區成為世界遺產，卻毫不動搖它和聖老楞佐教堂、聖安多尼教堂並列當地三大古老教堂的地位。不過這間教堂今日的面

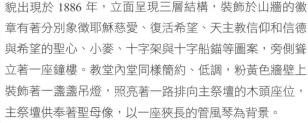

貌出現於 1886 年，立面呈現三層結構，裝飾於山牆的徽章有著分別象徵耶穌慈愛、復活希望、天主教信仰和信德與希望的聖心、小麥、十字架與十字船錨等圖案，旁側聳立著一座鐘樓。教堂內堂同樣簡約、低調，粉黃色牆壁上裝飾著一盞盞吊燈，照亮著一路排向主祭壇的木頭座位，主祭壇供奉著聖母像，以一座狹長的管風琴為背景。

## 婆仔屋

望德聖母堂前的路因歷史淵源，而被稱為瘋堂斜巷（Calçada da Igreja de S. Lázaro），在這條長約 20 多公尺的道路上，坐落著多棟百年歷史的葡式建築，其中最引人注目的要屬婆仔屋。

婆仔屋由兩棟黃色建築構成，位於庭院裡的兩棵老樟樹見證其歷史，在中國抗日期間被當成收容難民與窮人的慈善機構，後來成為一處住滿婆婆的老人院因而得名。西元 2000 年後老人院搬離，這片空下來的房舍在建築師馬若龍等人的合作下，於 2003 年進新翻修工程，有了新生命的老房子成了當地創意產業促進會的大本營，在澳門政府的支持下打從 2007 年開始舉辦「瘋堂天地」街頭藝術活動，並於隔年促成十號創意園的誕生，讓藝術家的工作室對民眾打開大門，帶來更直接的交流與互動。

如今的婆仔屋不定期舉辦各類藝文表演與展覽，成為澳門最具代表性的文化創意空間，裡頭除了設計工作室外，還有一間葡國菜餐廳，和一間專賣葡國商品的可愛小店。

**Data**

望德聖母堂
◎交通：從大三巴牌坊步行約
　　　 10 分鐘，或可搭乘
　　　 7、7A、8 號公共巴
　　　 士前往
◎地址：澳門聖母堂前地 11 號
◎時間：09:30~18:00

**Data**

婆仔屋
◎交通：從大三巴牌坊步行約 10 分鐘，或可搭乘 7、
　　　 7A、8 號公共巴士前往
◎地址：澳門瘋堂斜巷 10 號
◎門票：免費

# 路氹島

　　路氹島共分為三個部分，原本位於北邊的氹仔（Ilha da Taipa）和南邊的路環（Coloane）是兩座獨立的小島，後來因為連接兩地的公路興建後造成部分淤積，以及當地政府在考量土地不敷使用的情況下，決定以填海的方式在兩島間建造新市鎮，也就是今日的路氹城（Cotai, Coloane-Taipa），路氹島因而誕生。

　　路氹城是路環島的新口岸，一座座頂級飯店和綜合度假城如雨後春筍般出現，威尼斯人度假村、新濠天地和金沙城中心等，構成路氹金光大道絢麗的風景，令人彷彿置身於美國賭城拉斯維加斯。其北面的氹仔名稱由

❶ 官也街商業區 ❷ 龍環葡韻住宅博物館
❸ 小潭山 ❹ 菩提禪院
❺ 大潭山郊野公園 ❻ 氹仔客運碼頭
❼ 澳門賽馬會 ❽ 九澳村
❾ 黑沙水庫郊野公園
❿ 黑沙海灘 ⓫ 大型漢白玉媽祖像
⓬ 媽祖文化村
⓭ 石排灣郊野公園(澳門大貓熊館)
⓮ 路環小型賽車場 ⓯ 竹灣海灘
⓰ 天后古廟 ⓱ 譚公廟 ⓲ 澳門國際機場
⓳ 金沙城中心(康萊德酒店、喜來登酒店、假日酒店、「體驗夢工廠」)
⓴ 新濠鋒酒店(奧羅拉餐廳)
㉑ 百樂宮(四季酒店、「四季‧名店」購物廊、紫逸軒餐廳)
㉒ 威尼斯人度假村(威尼斯人酒店、大運河購物中心、貢多拉之旅、利苑餐廳)
㉓ 澳門銀河綜合度假村(悅榕庄、大倉酒店、銀河酒店、運財銀鑽、影匯銀光)
㉔ 新濠天地(皇冠酒店、君悅酒店、硬石酒店、《水舞間》、天幕《龍騰》、虛擬水族館)
㉕ 東方(澳門)高爾夫球場 ㉖ 澳門高爾夫球鄉村俱樂部

F.R.AE

來已不可考，過去曾被稱為「潭仔」和「龍環」，這也是為什麼此區最著名的葡萄牙式殖民建築被稱為「龍環葡韻住宅式博物館」的原因，另一處最不可錯過的景點則是官也街。被稱為「過路灣」的路環是澳門目前保存最原始風情的區域之一，至今依舊瀰漫著漁村純樸感，譚公廟和天后古廟等古剎則記載著這段歷史。

## 冰仔和路冰城 Taipa & Cotai

路冰城從原先的牡蠣田和紅樹林，到今日林立眾多酒店與綜合度假城的度假村，也不過是近十年的光景，然而其身價已不可同日而語！儼然就像一座超大型的主題樂園，吃喝玩樂全在咫尺之遙，再加上各種表演節目、展覽輪番上陣，如果說它是澳門最火紅的區域一點也不為過。連帶發展的冰仔坐落著進出澳門的門戶——澳門機場，以一整片連接官也街和龍環葡韻的歷史區帶領遊客走進澳門的歷史，從東方走向西方。

F.R. AE

❶ 官也街
❷ 北帝廟
❸ 路冰歷史館
❹ 嘉模聖母堂
❺ 民事登記局冰仔分站
❻ 龍環葡韻住宅式博物館
❼ 大利來記
❽ 安東尼奧餐廳
❾ 葡韻美食店
❿ 譚家魚翅
⓫ 莫義記大菜糕
⓬ 晃記餅家
⓭ 澳門鉅記手信
⓮ 誠昌飯店
⓯ 咀香園餅家
⓰ 達榮魚翅湯麵

## 官也街

　　小小的一條官也街（Rua do Cunha）卻是氹仔市最熱鬧的商業區，毗鄰而立的店家與餐廳，招徠了無數人氣，層層疊疊的招牌，讓這條街道的上空彷彿插滿旗子，無論是連鎖伴手店、維持百年傳統味道的餅家、知名葡國餐廳……全擠在這條人聲鼎沸的街道上。如果連行人都寸步難行，就更別說是車輛了！幸好官也街在 1983 年已成為澳門首條徒步街，才能接待這一批批如潮水般湧進的旅客。

### Data

官也街
◎交通：可搭乘 11、15、22、28A、30、33、34 號公共巴士前往。新濠天地和銀河綜合度假城有提供前往氹仔（舊）城區的免費穿梭巴士

## 北帝廟

　　坐落於官也街附近的巷弄裡，這間擁有百年歷史的廟宇讓人彷彿一轉身，就走進當地人的尋常生活。青磚麻石堆砌而成的建築，裝飾著色彩繽紛的橫幅與屋脊雕飾，兩盞燈籠下是「肅靜

**Data**

北帝廟
◎交通：由官也街步行前
　　　往約2分鐘
◎地址：氹仔地堡街嘉妹
　　　前地

迴避」和「關聖帝君」等紅色令牌，增添幾分威嚴的味道。入門先是一道落款著「風調雨順」、「國泰民安」的紅色屏門，越過天井後才是供奉北帝的正壇，高掛於四周屋頂和牆壁的香圈帶來繚繞的煙霧和滿點的氣氛。北帝正是玄武大帝，除了掌管北方外，也被視為水神，古時候討海為生的澳門人，因此興建這座寺廟希望求得風調雨順。

1.2：澳門旅遊局提供

### 路氹歷史館

　　在氹仔的舊城區裡聳立著一棟洋溢著新古典主義風格的建築，淺綠色的外觀裝飾著白色的窗框與黑色的百葉窗，主要入口的二樓高舉著三根科林斯式柱，撐起上方突出於屋頂的羅馬式山牆，前身為氹仔公署、海島市議事公局和海島市市政廳的路氹歷史館（**Museu da**

História da Taipa e Coloane），因為長期擔任政府機關，而被當地人暱稱為「衙門」，最初興建於 1920 年，樓高兩層，在 1992 年時被澳門政府列入具建築藝術價值的文物名單中。

後來在改建期間，於西側地下室發現了存在於 1851 至 1920 年前的舊房屋結構，於是 2004 至 2005 年間在館內進行考古，找到古宅遺址的壁基、石砌水渠、紅磚地板等，而這片遺址伴隨其他 1972 至 1985 年從路環出土的新石器時代器具和飾物、明清時期的錢幣和瓷片等其他珍貴文物，一同在博物館中的「路氹考古」中展出。

占地 638 平方公尺的路氹博物館於 2006 年開幕，1 樓除了上述展區外，還有以古籍和地圖、新娘鏡匣和套籃等居民日常生活用品重現的「路氹地域變遷及村落變化」；以各色包括耶穌聖像和天后廟廟碑等展現當地居民宗教信仰的「路氹宗教」。至於 2 樓的展覽更加五花八門，重現路氹的生活百態，像是令人回想起 1960 年代「海島市政廳」的會議室，以農具、鑿蠔錐等用具及炮竹與船隻等迷你模型介紹「澳門經濟」中的農、漁、炮竹和造船四大行業；「路氹建築特色及發展」則以嘉模教堂、澳氹大橋等大型模型介紹當地古蹟與現代建築及當地的綠化與環境保護工作。

## Data

路氹歷史館
◎交通：由官也街步行前往約 2 分鐘
◎地址：澳門氹仔告利雅施利華街
◎電話：+853-2882-7103
◎時間：周二至周日 10:00~18:00
◎門票：全票 5 澳門幣、優待票 2 澳門幣，12 歲以下和 65 歲以上免費，周日所有人免費
◎網址：www.iacm.gov.mo/museum

澳門旅遊局提供

## 嘉模聖母堂

在氹仔舊市區附近的一座高地上,坐落淺黃色的嘉
模聖母堂(Igreja de Nossa Senhora do Carmo)是氹仔唯
一的天主教堂,1885 年時在教區主教蘇沙(D. Manuel
Bernardo de Sousa Enes)的努力下落成,為了服務氹仔
天主教居民,同時在路氹島上進行傳教的任務,據說當
時當地居民只有大約 3,000 人,信仰天主教的多為葡國
官兵,人數不過 30 多人。

樓高三層的教堂採用新古典主義風格,無論立面、

山牆或鐘塔均展現一派簡約風格，不同於其他教堂位於旁側的鐘樓，該教堂的鐘樓直接自山牆突起，成為它的特色。內部以一條走道通往主祭壇，上方供奉著嘉模聖母和小德蘭聖女，據說嘉模聖母曾在十三世紀時於嘉爾默羅修會（Carmelite Order，或稱「聖衣會」）會長聖西滿斯道克（St. Sitmon Stock）前顯靈，並贈以棕色聖衣。至於兩旁的側祭壇則分別獻給耶穌和聖若瑟。

**Data**

嘉模聖母堂
◎交通：由官也街步行前往約5分鐘
◎地址：澳門氹仔嘉路士米耶馬路／嘉模前地
◎時間：周一至周五 10:00~16:00、周六 10:00~14:00

## 民事登記局氹仔分站

在嘉模教堂對面有一棟覆蓋紅瓦屋頂、立面卻裝飾著 6 根粗大圓柱的葡式建築，前身為氹仔圖書館的它在 2005 年搖身一變成了民事登記局氹仔分站，主要當作澳門居民的婚姻註冊處，裡面還附設有一座婚禮室，每逢周二和周四 11：00 至 12：30 供新人舉辦婚禮。由於該建築前方擁有一道小巧卻雅致的迴廊，因此這片由墨綠色的大門、白色的門框和粉黃色的牆壁組成的空間，經常成為新人拍攝婚紗、遊客取景的好地方。

**Data**

民事登記局氹仔分站
◎交通：由官也街步行前往約5分鐘
◎地址：澳門氹仔嘉路士米耶馬路／嘉模前地
◎時間：周一至周五 09:00~18:00

### 龍環葡韻住宅式博物館

　　從嘉模聖母堂前的廣場向下方俯瞰，會看見 5 棟林立於溼地旁的淺綠色葡萄牙式建築，以氹仔島舊稱命名的龍環葡韻住宅式博物館（Casas - Museu da Taipa），保留了昔日葡澳統治的回憶以及土生葡人的文化。

　　十五世紀中，向氹仔擴張勢力的葡萄牙人開始建造砲台等軍事據點，直至 1910 年完全控制路環，葡國政府的勢力深入當地，其中這片當作離島高級軍官官邸和土生葡人住家的建築於 1921 年落成。所謂的土生葡人指的是與東南亞人通婚的葡萄牙人所生的後代，這些混血兒通常繼承了父親的天主教信仰，卻延續著母親的東方生活方式，形成非常特殊的共融文化。

　　物換星移，這片建築後來在澳門旅遊局的接手下重新修復，並於 1999 年以住宅博物館之姿對外開放，由東到西分別為「土生葡人之家」、「海島之家」、「葡萄牙地區之家」以及「展覽館」和「迎賓館」。兩層樓高的土生葡人之家可以了解二十世紀初的土生葡人生活情況，館中的家具、擺設和裝飾來自定居當地已久的家庭，展現東西合璧特色，室內空間 1 樓以走道區隔餐廳和客廳、廚房和書房，2 樓則有主人房、臥室和浴室等，參觀時不妨注意各色物品和照片，想必能更了解屋主的

個性與習慣。

　　海島之家主要展出與路氹島的
葡裔歷史和宗教信仰相關的圖片，
並不時更換展覽主題，另一座展覽
館則不定期舉辦攝影、繪畫和雕塑
等各項與藝術相關的展覽。兩者之
間的葡萄牙地區之家則在兩層樓的
空間中，帶領民眾走進葡萄牙各地
區的少數民族世界，藉由服飾、手
工藝品和照片、甚至模擬場景，讓
人一窺其貌。至於迎賓館僅供舉辦
宴會和活動使用，平日不對外開放。

## Data

龍環葡韻住宅式博物館
◎交通：由官也街步行前往約7分鐘
◎地址：澳門氹仔海邊馬路
◎電話：+853-2882-7103
◎時間：周二至周日 10:00~18:00
◎門票：全票5澳門幣、優待票2澳門幣，12歲以下和65歲以上免費，周
　　　　日所有人免費
◎網址：www.iacm.gov.mo/museum

## 路環市區 Coloan

　　位於澳門最南端的路環，過去因為九澳灣與九澳山而稱為九澳島，由於位置相對偏遠，因此即使百年之前還經常有海盜出沒，葡澳政府更曾在 1910 年時與海盜發生激戰。後來才由島上居民和警察成功驅離這幫海上惡匪，因此在當地可以看見「打海盜紀念碑」。今日的路環即使已和氹仔相連，當地依舊保持了昔日漁村的純樸風光，而它的黑沙灘和竹灣海灘更是在地人熱愛的海水浴場，展現另一番悠閒風情。

十月初五馬路

　　這條路環市區的主要大道北接船人街，沿著岸邊一路往南延伸直至譚公廟，全長大約 600 公尺，名稱用來

紀念葡萄牙 1910 年 10 月 5 日發生的革命，革命過後，葡萄牙國王倉皇逃亡海外，第一共和取代了原本的君主制。

　　十月初五馬路（Avenida de Cinco de Outubro）鋪設葡萄牙式小碎石，偶爾還以小黑石點綴出圖案，路旁林立大樹，濃密著枝葉為下方的座椅提供涼蔭，一盞盞復古路燈增添懷舊氛圍。在一處廣場前，可以看見一棟淺黃色的葡式建築，造型類似民事登記局冰仔分站，它是路環圖書館，前身為離島的三間小學之一，如今這棟興建於 1911 年的殖民建築，對所有市民打開它的大門。

## Data

路環圖書館
◎交通：可搭乘 N3、26A 公共巴士前往路環市區站，後步行約 4 分鐘可達
◎地址：澳門路環十月初五馬路
◎電話：+853-2888-8854
◎時間：周一至周六 13:00~19:00

## 路環觀音廟

　　在與十月初五馬路平行的計單奴街靠近大廟巷的轉角，可以看見一道上方開了扇圓洞的石砌牆壁，裡頭隱身著一座規模不大的廟宇。根據室內的一道碑文可推測該廟歷史回溯到西元 1800 年，也就是清朝嘉慶年間，

是路環當地僅次於天后古廟第二古老的廟宇。裡頭供奉著普度眾生的觀世音菩薩，由艇戶和船民共同出資興建，廟中高掛著一道雕工精細的彩門，描繪著戲曲人物和眾神仙，值得細細欣賞。

**Data**

路環觀音廟
◎交通：可搭乘 N3、26A 公共巴士前往路環市區站，後步行約 5 分鐘可達
◎地址：澳門路環計單奴巷

## 三聖宮

　　因供奉金花娘娘、觀音大士和華光大帝三位主神而得名的三聖宮，歷史可回溯到十九世紀中葉的清同治年間，這座歷史悠久的小廟又稱為「金花廟」，因為早在興建廟宇以前，漁民帶來了具有送子神力的金花娘娘神像，吸引許多善男信女前來求子，香火鼎盛一時。

**Data**

三聖宮
◎交通：可搭乘 N3、26A 公共巴士前往路環市區站，
　　　　後步行約 3 分鐘可達
◎地址：澳門路環船人街

## 路環聖方濟各聖堂

　　在十月初五馬路上有一座造型奇特的石碑，猶如一塊塊越來越小的方磚堆疊而成，上方頂著一顆圓球和十字架，這就是當地著名的「打海盜紀念碑」，以紀念1910年時那場葡國軍隊驅逐海盜，卻造成當地居民傷亡慘重的戰爭。紀念碑左右側各有一道迴廊向後延伸，連同地上碎石鋪設而成的波浪狀裝飾圖案，將遊客的視線推往廣場深處的那座巴洛克式建築──路環聖方濟各聖堂。

　　教堂前身是嘉諾撒女修會（Canossian Daughters of Charity）創立於1904年的育嬰院，今日面貌為1928年重建的結果，三層樓高的建築擁有兩側向上微翹的山牆和渦飾，給人一種活潑的感覺。一生致力於將天主教傳入遠東的聖方濟各・沙勿略是這座教堂的主保，這名西班牙耶穌會傳教士一生最大的遺憾，就是始終無法進入中國傳教，1552年時即因瘧疾病逝。

教堂內部原本收藏著聖方濟各的右臂肱骨，以及一批日本和越南天主教殉教者的遺骨，不過目前已遷往天主教藝術博物館或運回日本。然而這間素樸的教堂還是相當有特色，像是彩繪成淺藍色的半圓形中，以如煙似霧的筆觸勾勒出翱翔的鴿子，收藏於玻璃櫃栩栩如生的聖嬰像，以及一幅將聖母與聖嬰以中國仙女和仙童面貌呈現的《中華聖母》畫像。

## Data

路環聖方濟各聖堂
◎交通：可搭乘N3、26A公共巴士前往路環市區站，後步行約4分鐘可達
◎地址：澳門路環計旦如街
◎電話：+853-2888-2128

1.2：澳門旅遊局提供

## 譚公廟

　　沿著十月初五馬路走到底，就會看見這一座門口盤踞石獅的紅色廟宇，廟中供奉者被廣東　帶視為「海神」的譚公。關於譚公的身分，據推測應為明朝廣東神童譚德，據說父母雙亡的他 7 至 8 歲時便能呼風喚雨，13 歲時即已得道能為人們治病，因此獲得鄉民和漁民的敬仰。由於成仙得早，

譚公塑像多為孩童模樣。

至於這座譚公廟的歷史，從寺內古鐘回溯，約出現於 1862 年，除供奉譚公外另有一件鎮廟之寶——歷史超過百年的鯨骨龍舟，據說開廟之初漁民捐贈了一副鯨骨，後來才逐漸加上龍頭、龍尾、錦旗、羅傘等裝飾，人們相信摸鯨骨會帶來好運，因此許多信徒也將它納入參廟儀式中，此外門外還有一塊「鵝」字大石，也為該廟的一大標誌。平日香火鼎盛的譚公廟，每年農曆 4 月 8 日的譚公誕辰日更是人潮絡繹不絕，廟前搭棚上演的粵劇戲碼成為當地一大盛事。

## Data

譚公廟
◎交通：可搭乘 N3、26A 公共巴士前往路環市區站，後步行約 8 分鐘可達
◎地址：澳門路環十月初五馬路／譚公廟前地
◎時間：08:30~17:30

## 天后古廟

坐落於山腰處，使得這間路環區最大的廟宇，反而有別於譚公廟的熱鬧，顯得一派幽靜。由於過往居民多以捕魚為生，因此天后在當地人的生活中扮演著非常重要的角色，也因此在澳門各地散布著大大小小的天后廟。而這間最初興建於清康熙年間的古廟，儘管歷史悠久，卻因多次擴建與整修，外觀看來仍相當新，不過寺內收藏著一只 1763 年的古鐘和多塊百年石記碑文等文物，並供奉著製造於清同治三年的天后娘娘金身，說明了它的背景。該廟採單體式建築，不過內部卻分為三殿，並設有舉行祭天儀式的拜亭——四方亭，亭旁放置署名為「酒船」的元寶型石雕。

澳門旅遊局提供

## Data

天后古廟
◎交通：可搭乘 N3、26A 公共巴士前往路環市區站，
　　　　後步行約 7 分鐘可達
◎地址：澳門路環民國馬路

# 酒店／綜合度假城的
# 特色表演與展覽

　　為了吸引遊客的目光，澳門許多頂級酒店或綜合度
假城紛紛推出獨門攬客噱頭，除了新濠天地的《水舞間》
和天幕《龍騰》、威尼斯人度假村的《貢多拉之旅》需
要付費外，其他下述表演或展覽全都免費，因此有機會
前往這些地方的人千萬別錯過了！

## 新濠天地

　　開幕於 2009 年 6 月的新濠天地是一座結合酒店、賭
場、名店街、餐廳、水療中心和劇場的綜合度假城，旗
下共有皇冠、君悅和硬石三間風格各異的酒店，以及從
美食街、咖啡館到米其林星級餐廳等符合不同族群需求
的餐飲設施。此外，新濠天地給人許多與水相關的意念，
除了《水舞間》和位於路氹連貫公路入口的大片噴水池
外，還有一座讓人彷彿置身海底世界的《虛擬水族館》，
24 小時徜徉著美人魚曼妙的泳姿。

### 水舞間

　　在路環的海岸，一位漁夫被巨浪捲入一
個跨越時空的傳奇世界，展開了一場奇幻的
冒險，途中他和一位年輕人力抗軍隊，年輕
人逃亡時遇上了美麗的公主，兩人一見鍾情
卻慘遭一心想獨占王國的皇后所阻撓，為了
拯救被關入牢籠的愛人，年輕人與漁夫再度
聯手，踏上驚險的營救之旅……。

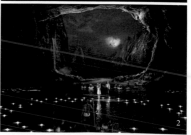

　　由佛朗哥 · 德拉戈（Franco Dragone）
創作、執導的《水舞間》，已成為許多人前
往澳門的旅遊目的之一，這個全球最壯觀的

1.2：水舞間提供

1~5：水舞間提供

大型水上匯演共動用來自世界各地多達 80 位演員，在可容納 5 座奧運標準泳池容量的巨型水池、擁有 270 度環繞效果的劇院裡演出，在 2013 年邁入第三年的公演期間，已吸引 200 多萬名觀眾前來欣賞。除了華麗的燈光和驚人的舞台效果外，舞者柔軟的肢體以及特技演員高超的飛車技術，都讓演出更有看頭。

## 龍騰

突然從新濠天地沉入水底，展開一趟拜訪龍王的深海歷險，在 360 度環繞的巨型螢幕中，跟隨 4 位龍王一同穿梭於冰川、熱帶雨林、火山甚至太陽系，一路將龍珠護送回原處。斥資 4,000 萬美金打造的天幕，是全球最大的特效圓形劇場，由美國頂尖娛樂集團 Falcon's

Treehouse, LLC 設計，採用超過 2 萬 9 千枚 LED 燈，將清晰的數位影片和多媒體效果發揮得更加淋漓盡致，讓觀賞者在 15 分鐘的過程中，體驗刺激的聲光娛樂。

1~3：新濠天地提供

**Info**

☆ 新濠天地
地址：澳門路氹連貫公路
訂票專線：+853-8868-6688
網址：www.cityofdreamsmacau.com

☆ 水舞間
地點：水舞間劇院
演出時間：周三 20:00、周四至周日 17:00 和 20:00 各一場，周一和周二公休，確切時刻表請上官網查詢
門票：全票 580~1,480 港幣、長者和學生優待票 530~1,480 港幣、12 歲以下兒童 410~1,480 港幣
網址：thehouseofdancingwater.com

☆ 龍騰
地點：天幕劇院
演出時間：12:00~20:00 每 30 分鐘一場，售票時間為 11:00~20:00
門票：全票 50 澳門幣、長者優待票 30 澳門幣、3~12 歲兒童 25 澳門幣；新濠天地房客憑房卡最多可換 4 張門票（2 大 2 小），在新濠天地餐廳和商店消費每滿 200 澳門幣可免費兌換 1 張門票（最多可換 5 張）

## 澳門威尼斯人度假村
### 貢多拉之旅

　　想要搭乘鳳尾船體驗一下穿梭在運河、拱橋和威尼斯特色建築間的浪漫風情，不用跑一趟義大利，只要在澳門的威尼斯人度假村（詳見 P.36）中就能感受到！該度假村共規劃大運河、馬可孛羅運河和聖路卡運河 3 條路線，身穿黑白橫條 T 恤、繫著紅領巾和腰巾的船夫一邊掌舵一邊高歌，歌聲迴盪於四周增添不少浪漫氣氛，穿過拱橋和巡遊於水道間，讓人可用另一個角度欣賞這座迷你版水鄉，儘管全程只有短短的 15 分鐘，卻是相當有趣的經歷。

### Data

貢多拉之旅
◎地點：澳門威尼斯人度假村內
◎時間：大運河 11:00~22:00、馬可孛羅運河和聖路卡運河 11:00~19:00
◎門票：全票 118 澳門幣、兒童 88 澳門幣，私人貢多拉每趟 472 澳門幣。船票可在貢多拉禮品店 2301 號鋪或貢多拉商城 2660 號鋪購買

## 澳門十六浦度假村
### MJ 珍品廊

　　儘管麥可‧傑克森過世了，不過他許多膾炙人口的

歌曲、舞蹈甚至舞台裝扮，依舊深深留在眾人的腦海。這間 2010 年開幕於澳門十六浦度假村（詳見 P.34）中的珍品廊便是獻給這位一代巨星的紀念，也是全亞洲唯一展出麥可·傑克森的藝廊，裡頭包括 40 件珍貴私人物品，從他初次表演「太空漫步」（Moonwalk）時所佩帶的水晶手套、音樂錄影帶中穿過的水晶襪和殭屍裝、成為他個人形象指標的紳士帽，以及親筆簽名等，此外珍品廊中還附設商店，讓粉絲可以收藏相關紀念商品。

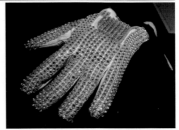

1.2：十六浦索菲特大酒店提供

**Data**

◎地點：澳門十六浦度假村 2 樓
◎電話：+853-8861-8888
◎時間：11:00~21:00
◎門票：免費

## 永利澳門酒店
### 表演湖

永利拉斯維加斯酒店（Wynn Las Vegas）有一座夢想湖（Lake of Dreams），以奇幻投影搭配水幕上演精采的表演，同屬永利集團（Wynn Resorts）的永利澳門酒店（詳見 P.30）傳承這樣的傳統，只不過表演湖來到這裡成為水舞的演出場地。以 300 個湖水噴嘴和 1,500 盞 LED 燈泡，搭配 80 萬加侖的水、甚至火焰，無固定型態的水隨多首樂曲旋律變換各種姿態，其中包括大家耳熟能詳的《Colors of the Wind》以及《月亮代表我的心》等曲目，時而

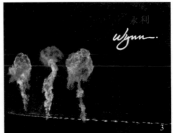

3.4：澳門永利酒店提供

俏皮優雅，時而宏偉激昂，令觀賞者充滿驚喜。

**Data**

表演湖
◎地點：永利澳門酒店外表演湖
◎時間：12:00~00:00，每15分鐘一場
◎門票：免費

## 發財樹和富貴龍

發財樹和富貴龍位於同一地點，在永利第二期入口中庭。發財樹是一棵高達 11 公尺、擁有 60 根主枝、裝飾著 98,000 片由 24K 金和黃銅打造葉子的大樹，隨著音樂響起，當融合中國十二生肖和西方十二星座的雕飾天棚逐漸打開，先是垂下一盞由 21,000 顆水晶組成的吊燈，接著大樹從地底竄出、上升，並隨著燈光轉換展現四季風情。

富貴龍則同樣隨著天幕的展開，盤旋於蓮花之上的它緩緩上升，直至 28 公尺的高度，這隻以強化樹脂和鋼鐵打造的金龍口中噴出煙霧，在 15,452 顆嵌入全像攝影底片、模仿翡翠光芒的 LED 燈光的陪襯下，充滿氣勢。

**Data**

發財樹和富貴龍
◎地點：永利澳門酒店第二期入口中庭
◎時間：發財樹 10:30~1:30，每 30 分鐘一場；富貴龍 10:00~02:00，每 30 分鐘一場
◎門票：免費

1.2：澳門永利酒店提供

## 金沙城中心

儘管在威尼斯人度假村或新濠天地中均附設了供兒童玩耍的遊樂空間，不過在澳門的頂級酒店和度假村中，又以金沙城中心最適合規劃帶小朋友出遊的家族旅行。

這座在 2012 年春天開幕的綜合度假城，與美國知名動畫公司夢工廠（DreamWorks Animation）聯手打造一系列《體驗夢工廠》，讓老少咸宜的動畫主角陪大家度過充滿童趣與歡樂的澳門假期。此外，金沙城中心擁有康萊德、喜來登和假日 3 家酒店，提供多達 5,800 間客房，而它搭配流水、瀑布的購物中心——金沙廣場，更是選購名牌和精品的好去處。

### 與夢工廠動畫人物會面

無論你是《史瑞克》（Shrek）、《馬達加斯加》（Madagascar）、《功夫熊貓》（Kung Fu Panda）或《馴龍高手》（How to Train Your Dragon）的粉絲，都別錯過

1~4：金沙城中心提供

這個和偶像一同合照留影的機會,趕快帶著相機,加入排隊的人潮吧!

### 夢工廠巨星大巡遊

當然,光是合照還不過癮,所以金沙城中心每天特別安排了一場巨星大巡遊,讓 12 位深受歡迎的動畫明星以及木偶、高蹺表演藝人和舞者,展開一場長達 15 分鐘的熱鬧歌舞表演。

### 「體驗夢工廠」動畫明星早餐

厭倦了單調的自助式早餐嗎?金沙中心推出的動畫明星早餐保證讓人吃得津津有味,除了由夢工廠動畫明星揭開序幕並和客人一同互動外,薑餅娃娃、阿波包子和吐司、史瑞克與費歐娜的杯子蛋糕……可愛得讓人都想帶回家收藏。

1~6:金沙城中心提供

**Info** ☆ 金沙城中心
地址:澳門望德聖母灣大馬路
訂票專線:+853-2886-6888
網址:hk.sandscotaicentral.com

☆ 與夢工廠動畫人物會面
地點：御桃源
演出時間：12:00~15:00、17:00~19:00，動畫人物每隔 15 分鐘
　　　　　出場，每次約 20 分鐘
門票：免費

☆ 夢工廠巨星大巡遊
地點：金沙廣場地面層，以桃園餐廳為起迄點
演出時間：16:00~16:15
門票：免費

☆ 「體驗夢工廠」動畫明星早餐
地點：金沙城中心 4 樓
演出時間：周一至周五 09:00~10:30，周六和周日 08:00~09:30、
　　　　　10:00~11:30
門票：包含於「體驗夢工場」住宿套票中，下榻喜來登酒店含早
　　　餐的房客可補差額 100 港幣升級參與

1~3：澳門銀河綜合度假村提供

# 澳門銀河綜合度假村

擁有一座總面積達 4,000 平方公尺、全球最
大規模的空中衝浪池，以及由 350 噸白沙鋪成
150 公尺人工沙灘的天浪濤園，讓澳門銀河成為
當地最具熱帶風情的世外桃源。除此之外，此區還擁有
強調頂級悠閒度假風情的悅榕庄、大倉和銀河 3 家酒店。
除了琳瑯滿目的各國美食餐廳、20 間國際名品構成的購
物大道外，還有一座坐擁先進 3D 視覺享受的奢華 UA 銀
河影院，全球首間珍藏 400 多種威士忌的麥卡倫士卡吧。

### 運財銀鑽

　　在銀河酒店猶如靈感來自孔雀羽毛的大廳裡，懸掛著一盞由 20 萬顆水鑽鑲成的吊燈，而它下方的噴泉中隱藏著一顆高達 3 公尺、重達 5,800 公斤

1.2：澳門銀河綜合度假村提供

的鑽石，隨著悠揚的樂聲響起，銀鑽緩緩上升，接著漂浮於半空中緩緩旋轉，四周投射而出的五彩繽紛燈光，讓表演充滿了未來且迷幻的味道，最後逐漸高起的水幕將銀鑽一同收入萬水奔流的泉池裡。

### 影舞銀光

　　兩座高樓隔著露天泳池彼此對望的澳門銀河，巧妙利用它的建築特色與環境，入夜後打出炫目的雷射光，在它的上空交織出美麗的線條，伴隨著美妙的配樂，即使看不見星星，這裡的夜晚依舊浪漫動人。

1.2：澳門銀河綜合度假村提供

**Info**

☆ 澳門銀河
　地址：澳門路氹城望德聖母灣大馬路
　訂票專線：+853-2888-0888
　網址：www.galaxymacau.com

☆ 運財銀鑽
　地點：銀河酒店大廳
　演出時間：10:00~00:00，每 30 分鐘一場
　門票：免費

☆ 影舞銀光
　地點：澳門銀河上空
　演出時間：17:15~22:45
　門票：免費

# 行程規劃

## 2 天 1 夜：Route 1 菁華古蹟遊

### Day 1

台灣機場
↓
抵達澳門機場
↓參考 P.49
酒店 check-in 或先寄存行李
↓免費穿梭巴士、公共巴士或計程車
議事亭前地、午餐
↓步行
民政總署大樓
↓步行
聖奧斯定教堂
↓步行
崗頂前地和劇院
↓步行

→ 何東圖書館
↓步行
聖若瑟修院及聖堂
↓步行
聖老楞佐教堂
↓步行
鄭家大屋和亞婆井前地
↓步行
港務局大樓
↓步行
媽閣廟
↓步行
西望洋山和主教山小堂
↓計程車
澳門旅遊塔

### Day 2

酒店 check-out 並寄存行李
↓免費穿梭巴士、公共巴士或計程車
議事亭前地
↓步行
仁慈堂
↓步行
玫瑰堂
↓步行
板樟堂街逛街
↓步行
盧家大屋
↓步行
主教座堂
↓步行

→ 午餐
↓步行
大三巴牌坊
↓步行
大砲台
↓步行
澳門博物館
↓步行、公共巴士或計程車
回酒店領取行李
↓免費穿梭巴士或計程車
前往澳門機場
↓
抵達家門

注意 本行程以搭乘早去晚回班機為例。

## 2 天 1 夜：Route 2 吃喝玩樂精采遊

### Day 1

台灣機場
↓
抵達澳門機場
↓參考 P.49
酒店 check-in 或先寄存行李
↓免費穿梭巴士、公共巴士或計程車
議事亭前地、午餐
↓步行
仁慈堂
↓步行
玫瑰堂
↓步行
板樟堂街逛街
↓步行

→ 盧家大屋
↓步行
大三巴牌坊
↓步行
民政總署大樓
↓步行
崗頂前地和劇院
↓步行
聖若瑟修院及聖堂
↓計程車
澳門旅遊塔
↓計程車
欣賞《水舞間》

### Day 2

酒店 check-out 並寄存行李
↓免費穿梭巴士、公共巴士或計程車
龍環葡韻住宅博物館
↓步行
嘉模聖母堂
↓步行
路氹歷史館
↓步行
地堡街一帶午餐
↓步行
官也街：選購伴手禮
↓免費穿梭巴士或計程車

→ 威尼斯人度假村、新濠天地
或金沙城中心逛街
↓步行、免費穿梭巴士或計程車
回酒店領取行李
↓免費穿梭巴士或計程車
前往澳門機場
↓
抵達家門

注意 本行程以搭乘早去晚回班機為例。

# 3 天 2 夜：Route 3 深度古蹟遊

## Day 1

台灣機場
↓
抵達澳門機場
↓參考 P.49
酒店 check-in 或先寄存行李
↓免費穿梭巴士、公共巴士或計程車
議事亭前地、午餐
↓步行
民政總署大樓
↓步行
聖奧斯定教堂
↓步行
崗頂前地和劇院
↓步行

→ 何東圖書館
↓步行
聖若瑟修院及聖堂
↓步行
聖老楞佐教堂
↓步行
鄭家大屋和亞婆井前地
↓步行
港務局大樓
↓步行
媽閣廟
↓步行
西望洋山和主教山小堂
↓計程車
澳門旅遊塔

## Day 2

酒店
↓
議事亭前地
↓步行
仁慈堂
↓步行
玫瑰堂
↓步行
板樟堂街逛街
↓步行
盧家大屋
↓步行
主教座堂
↓步行
午餐
↓步行

→ 大三巴牌坊
↓步行
大砲台
↓步行
澳門博物館
↓步行
婆仔屋和望德聖母堂
↓步行或計程車
松山纜車和東望洋砲台
↓計程車
氹仔威尼斯人度假村逛街、
晚餐
↓步行
欣賞《水舞間》

## Day 3

酒店 check-out 並寄存行李
↓免費穿梭巴士、公共巴士或計程車

龍環葡韻住宅博物館
↓步行

嘉模聖母堂
↓步行

路氹歷史館
↓步行

北帝廟
↓步行

地堡街一帶午餐
↓步行

官也街選購伴手禮
免費穿梭巴士或計程車

→ 金沙城中心逛街
↓步行、免費穿梭巴士或計程車

回酒店領取行李
↓免費穿梭巴士或計程車

前往澳門機場
↓

抵達家門

注意 ▶ 本行程以搭乘早去晚回班機為例，採用「Route 1 菁華古蹟遊」之 2
天 1 夜行程加以延伸。

# 3 天 2 夜：Route 4 豐富精采遊

## Day 1

台灣機場
↓
抵達澳門機場
↓參考 P.49
酒店 check-in 或先寄存行李
↓免費穿梭巴士、公共巴士或計程車
議事亭前地午餐
↓步行
仁慈堂
↓步行
玫瑰堂
↓步行
板樟堂街逛街
↓步行

→ 盧家大屋
↓步行
大三巴牌坊
↓步行
民政總署大樓
↓步行
崗頂前地和劇院
↓步行
聖若瑟修院及聖堂
↓計程車
澳門旅遊塔
↓計程車
福隆新街一帶晚餐

**1**

## Day 2

酒店
↓公共巴士或計程車
松山纜車和東望洋砲台
↓步行或計程車
大賽車博物館
↓步行
葡萄酒博物館
↓步行、公共巴士或計程車
漁人碼頭午餐、逛街
↓公共巴士或計程車
美高梅酒店逛街、欣賞天幕廣場、達利和植皓禮藝術品
↓步行

→ 永利酒店欣賞表演湖、發財樹或富貴龍
↓免費穿梭巴士、公共巴士或計程車
威尼斯人度假村、新濠天地或金沙城中心逛街、晚餐
↓步行
欣賞《水舞間》

**2**

## Day 3

酒店 check-out 並寄存行李
↓免費穿梭巴士、公共巴士或計程車
龍環葡韻住宅博物館
↓步行
嘉模聖母堂
↓步行
路氹歷史館
↓步行
地堡街一帶午餐
↓步行
官也街選購伴手禮
免費穿梭巴士或計程車

→ 威尼斯人度假村、新濠天地
或金沙城中心逛街
↓步行、免費穿梭巴士或計程車
回酒店領取行李
↓免費穿梭巴士或計程車
前往澳門機場
↓
抵達家門

**3**

注意 本行程以搭乘早去晚回班機為例，採用「Route 2 吃喝玩樂精采遊」之 2 天 1 夜行程加以延伸，將 Route 2 的 Day 2 改成第三天走，並插入 1 天行程。

# 3 天 2 夜：Route 5 澳門全覽遊

## Day 1

台灣機場
↓
抵達澳門機場
↓參考 P.49
酒店 check-in 或先寄存行李
↓免費穿梭巴士、公共巴士或計程車
議事亭前地午餐
↓步行
仁慈堂
↓步行
玫瑰堂
↓步行
板樟堂街逛街
↓步行

→ 盧家大屋
↓步行
大三巴牌坊
↓步行
民政總署大樓
↓步行
崗頂前地和劇院
↓步行
聖若瑟修院及聖堂
↓計程車
澳門旅遊塔
↓計程車
福隆新街一帶晚餐

## Day 2

酒店
↓公共巴士或計程車
路環市區十月初五大道
↓步行
聖方濟各教堂
↓步行
譚公廟
↓步行
天后古廟
↓公共汽車或計程車
漁人碼頭午餐、逛街
↓步行或計程車

→ 大賽車博物館
↓步行
葡萄酒博物館
（澳門金沙酒店）免費穿梭巴士、
↓公共巴士或計程車
威尼斯人度假村、新濠天地或金
沙城中心逛街、晚餐
↓步行
欣賞《水舞間》

## Day 3

酒店 check-out 並寄存行李
↓ 免費穿梭巴士、公共巴士或計程車

龍環葡韻住宅博物館
↓ 步行

嘉模聖母堂
↓ 步行

路氹歷史館
↓ 步行

地堡街一帶午餐
↓ 步行

官也街選購伴手禮
↓ 免費穿梭巴士或計程車

→ 威尼斯人度假村、新濠天地或金沙城中心逛街
↓ 步行、免費穿梭巴士或計程車

回酒店領取行李
↓ 免費穿梭巴士或計程車

前往澳門機場
↓

抵達家門

3

注意 本行程以搭乘早去晚回班機為例,採用「Route 4 豐富精采遊」之
3 天 2 夜行程加以變化,將 Route 4 的 Day 2 改成上述行程。

# Part

# 6

# 享樂澳門
*Macau Must-Go*

米其林餐廳

澳門葡國料理

澳門特色美食

必買伴手

# 米其林餐廳

　　由於具有相當的公信力,《米其林指南》近幾年來
成為饕客外出旅行的餐廳口袋名單。身為亞洲熱門旅遊
目的地的澳門,打從 2009 年來也成為評選地之一,每
年都會出版最新的「摘星名冊」,以下特別介紹榜上有
名的大小星星們。

1.2:澳門新葡京酒店提供

### 天巢 Robuchon au Dôme・ ☆☆☆

　　侯布雄(Joël Robuchon)不但是目前全世界擁有最
多米其林星星的法國知名大廚,同時也是當今「最年輕
拿下米其林三星的主廚」紀錄保持人(38 歲),他響亮
的名聲無須贅述,就連台灣也有他的餐廳。

　　天巢法國餐廳前身是位於葡京酒店內的 Robuchon
a Galera,從 2009 年推出港澳米其林指南開始,它就獲
得三星的最高榮譽,更是全澳門 5 年來唯一一間每年都
獲得三星推薦的餐廳。經侯布雄嚴選和指導料理菜單,
由子弟兵 Frankcky Semblat 擔任行政總廚,料理專精於
傳統高級法國菜,其中特別推薦搭配淋上花椰菜、檸檬
草和玉米醬汁的魚子醬凍以及古斯米(couscous)的 Le
Caviar,用黑松露和骨髓煨成的燉菜和牛肉清湯搭配肝
慕斯的 Le Pot de Feu,以及紅酒慢燉的幼蔥搭配香煎鹿
兒島和牛的 Le Bœuf "Kagoshima" 等。

不僅提供美味的食物，還有超過 10,000 種來自世界各地的美酒佐餐，此外出自香港知名設計師陳幼堅先生之手的空間，讓這間如今位於新葡京酒店內最高圓頂下方的餐廳，在水晶吊燈和落地燈的映照下，一點也不輸戶外迷人的風光。

1.2：澳門新葡京酒店提供

## Data

天巢
◎地址：澳門新葡京酒店 43 樓
◎電話：+853-8803-7878
◎時間：午餐 12:00~14:30、晚餐 18:30~22:30
◎網址：www.grandlisboahotel.com

## 8 餐廳 The 8 · ☆☆

主打精緻廣東菜並提供創意傳統中式料理的 8 餐廳也位於新葡京酒店，雖然和天巢同樣出自設計師陳幼堅之手，不過展現的是另一種雖氣派卻更溫潤的氣質，被放大的金魚悠游於牆壁上，古錢般的吊飾共組成 8 字、串起一盞盞的大燈與裝飾，交織出既現代又傳統的風情。

澳門新葡京酒店提供

　　霸王淡水鮮蝦金魚餃、春風得意腸粉、越式燒蔗蝦……除了每日中午供應多達 50 款的特色點心外，主廚歐國強先生還推出酥炸小型比目魚的椒鹽龍脷仔、佐以香甜清爽柚子的脆皮柚子手撕雞，以及用蛋、豬肉末和黑豆一同燴炒的廣東式炒龍蝦等招牌菜。

## Data

8 餐廳
◎地址：澳門新葡京酒店 2 樓
◎電話：+853-8803-7788
◎時間：午餐周一至周六 12:30~14:30、周日 11:30~15:00，晚餐 18:30~22:30
◎網址：www.grandlisboahotel.com

## 永利軒 Wing Lei · ☆☆

　　從 2010 和 2011 年開始的米其林一星，到這兩年晉升為二星，可見永利軒在追求美味上的努力與用心。

澳門永利酒店提供

打從開幕至今便一直領導永利軒的陳德光主廚,在加入永利軒前曾在「阿一鮑魚」任職,也因此擅長處理如鮑魚、燕窩和魚翅等上乘食材,他不但致力於以現代手法展現傳統粵菜特色,更參考日式和西式料理的做法,為食客帶來更多味覺上的變化。太極鮮蝦餃和雪影燒餐飽是餐廳內的招牌點心,清蒸龍躉魚和樹籽蒸銀鱈魚則是海鮮首選,另外永利 XO 醬和由多種花、果、茶葉調配而成的永利茶更是這裡的一大特色,當然,以 90,000 顆施華洛世奇水晶鑲嵌的飛龍,絕對也讓人印象深刻。

1~3:澳門永利酒店提供

## Data

永利軒
◎地址:澳門永利酒店地下
◎電話:+853-8986-3663
◎時間:午餐周一至周六 11:30~15:00、周日和公共假日 10:30~15:30,
　　　　晚餐 18:00~23:00
◎網址:www.wynnmacau.com

## 京花軒 Golden Flower · ☆☆

以義大利紅白琺瑯馬賽克鑲嵌地板、中國絲綢燈籠、威尼斯 Mariano Fortuny 燈具裝飾的餐廳內部,搭配靈感來自十九世紀英國船運大亨 Frederick Richards Leyland 私人豪宅餐廳「孔雀間」(Peacock Room)設計的門廊與茶室,京花軒以英國歷史上最輝煌的航海霸權時代風格,以及威尼斯特有的東方美學,突顯澳門曾在世界航海歷史上扮演的重要角色。

料理上展現的也是這樣的融合風情,曾經在譚家菜嫡系廚房工作長達 10 年的主廚劉國柱,

將譚宗浚於北京廣納各菜系之長且結合南北菜系大成的
譚家菜,以及傳統魯菜和川菜帶到了澳門,也讓京花軒
分別在 2012、2013 年的米其林指南中摘下一星和二星。

在這些百年前專門伺候清朝上等官員的華麗菜餚
中,京花軒又以紅燒一品窩麻鮑、蟹肉黃燒魚肚、羅漢
大對蝦以及漳茶片鴨配荷葉餅等最為出色,此外,由澳
門首位茶藝師獻上的頂級茶葉,都是特別為了襯托譚家
菜而挑選,從菊花烏龍茶到武夷山的鐵觀音烏龍和陳年
普洱等,都讓食物更為有味,最後以宮廷甜點畫上句點,
滿足了所有嗜鹹好甜的味蕾感受。

## Data

京花軒
◎地址:澳門永利酒店地下
◎電話:+853-8986-3663
◎時間:午餐周六和周日 11:30~14:30、晚餐周二至周日 18:00~22:30
◎網址:www.wynnmacau.com

1~3:澳門永利酒店提供

## 紫逸軒 Zi Yat Heen · ☆☆

　　以一道玻璃圓柱搭配描繪白雲的工藝牆，位於四季酒店的紫逸軒打從 2010 年至今已連續 4 年摘下米其林二星的殊榮。這間開幕於 2008 年的餐廳，大量採用黑、金兩色為基調，以中式手繪圖案裝飾內部空間，展現低調而優雅的氛圍。料理以經典粵菜和創意點心為主，並搭配季節推出時令特色美食，無論是以龍蝦、大蝦和燕窩做成的矜貴蒸餃，或是特製蜜汁搭配半肥瘦豬肉的蜜汁叉燒，還是滋味鮮甜的蝦膠釀脆蟹鉗，從點心、肉類到海鮮，滋味俱佳。

### Data

紫逸軒
◎地址：澳門四季酒店 1 樓
◎電話：+853-2881-8888
◎時間：午餐周一至周六 11:30~14:30、周日和公共假日 10:00~15:00，
　　　　晚餐 18:30~22:30
◎網址：www.fourseasons.com

## 御膳房 The Tasting Room · ☆

　　2012 年才開幕，2013 年隨即摘下米其林一星的御膳房，由曾在新加坡和北京萊佛士酒店（Raffles Hotel）的 Raffles Grill 和 JAAN 餐廳，以及法

1.2：澳門四季酒店提供 3：新濠天地提供

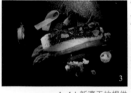

1~4：新濠天地提供

國 Montpellier 的米其林餐廳 Le Jardin des Sens 服務過的 Guillaume Galliot 擔任主廚，致力於以簡單的烹飪方式將食材原味發揮得淋漓盡致的他，在擺盤上則展現有別於傳統料理手法的創新方式。

　　名稱看來非常中式，這間餐廳卻提供以歐陸當代美食為主的國際料理，其中從野生鱸魚、龍蝦或鱈魚，到鹿兒島和牛或煙燻法國乳鴿，甚至甜點的朱古力香蕉千層配可可雪芭，或義式菠蘿小雲吞配鮮雜果雪芭，都令人難以抗拒。

## Data

御膳房
◎地址：澳門新濠天地皇冠度假酒店 3 樓
◎電話：+853-8868-6681
◎時間：午餐 12:00~15:00、晚餐 18:00~23:00
◎網址：www.cityofdreamsmacau.com

## 奧羅拉 Aurora ‧ ☆

　　2010 和 2011 年各摘下米其林一星的奧羅拉，儘管這兩年未再獲得星級評鑑，不過依舊是港澳米其林指南上的推薦餐廳。

　　來自南義大利的主廚 Michele dell'Aquila 將普利亞

（Puglia）地區的家鄉滋味，帶進這間擁有半開放廚房的餐廳。由於普利亞環繞著地中海，因此食材以天然的魚類和海鮮為主，在橄欖油、檸檬和洋溢異國風情的香料調味下，一道道著重鮮美滋味的料理從而誕生。

　　奧羅拉以木頭和棕色調打造的空間舒適溫暖，並有坐擁海景的戶外露臺，如果想嘗鮮，建議點一份午膳套餐，包括 2 至 4 道菜，費用為 198 至 268 澳門幣，讓人以沒有負擔的花費享用米其林級的美食，其中特別推薦內餡填滿濃濃乳酪的義大利麵餃，非常美味。

## Data

奧羅拉
◎地址：澳門新濠鋒酒店 10 樓
◎電話：+853-2886-8868
◎時間：午餐周一至周三、周五和周六 11:30~14:30、早午餐周日
　　　 11:30~15:30、晚餐周五至周三 18:00~22:30
◎網址：www.altiramacau.com

## 利苑 Lei Garden・☆

　　1973 年創立於香港九龍的利苑，是香港知名的連鎖

餐廳，它位於港澳的 9 間餐廳，曾在 2012 年時全獲得米其林餐廳評鑑一星甚至以上的推薦，至於位於澳門威尼斯人度假村中的分店，也曾在 2010 至 2012 年時連續三年獲得一星。

　　利苑提供精緻粵菜，燉湯、海鮮和鮑參翅肚是它的招牌，午餐時段推出選擇眾多的美味點心，晚餐則多以點菜為主，來到利苑絕對不能錯過的是上層烤得極其酥脆的「冰燒三層肉」，以及口感清爽、滋味迷人的「楊汁甘露」，據說這道著名的甜點正是發跡於利苑。除了菜單上的食物外，利苑還有許多隱藏版美食，點菜前不妨多詢問店家。

## Data

◎地址：澳門威尼斯人度假村 3 樓 2130 號
◎電話：+853-2882-8689
◎時間：午餐 11:30~15:00、晚餐 18:00~23:00
◎網址：www.venetianmacao.com

# 澳門葡國料理

　　昔日長期歷經葡萄牙的統治，使得葡國料理也發展成澳門的飲食特色之一。當初，遠渡而來的葡萄牙人因懷念家鄉的食物，於是利用當地的食材變化出家鄉味，像是以當地香腸取代葡式香腸、椰奶取代新鮮牛奶等，再加上融合當地的烹調方式，於是澳門葡國菜逐漸誕生。

## 不可錯過的葡國菜

### 馬介休薯球 Pasteis de Bacalhau

　　「馬介休」是一種葡萄牙非常出名的醃漬鱈魚，不過這種鱈魚和我們一般認知的鱈魚不同，而是又稱為扁鱈或冰島鱈魚、大比目魚的品種。葡萄牙人會將這種魚拿來乾煎、烘烤、紅燒甚至做成鹹魚乾，而馬介休薯球就是將魚乾泡軟且直到鹹味退去後，將它和橄欖油、洋蔥和蒜頭等一同炒過，接著把它和熱水煮過且壓成泥狀的馬鈴薯，以及胡椒粉等調味料和雞蛋混在一塊，捏成球後下鍋油炸，就完成了這道外酥內軟的開胃菜。

### 葡國豬耳沙律 Salada de Orelha de Porco

　　葡萄牙人也吃豬耳朵，不同於我們將它做成滷菜，不過他們大多以涼拌方式食用。豬耳朵或以汆燙或以烤過的方式處理，搭配生菜葉和香菜，有些還會加上橄欖和番茄，最後淋上橄欖油和醋，就成了這道清爽又開胃的沙拉。

### 葡式白酒炒蜆 Ameijoas à Bulhão Pato

　　顧名思義就是以白酒炒蛤蠣，白酒不但可以去除海鮮的腥味，還能帶出蛤蠣的鮮甜，炒時除了白酒外還會

加入橄欖油、大蒜和香菜提味，最後再加點檸檬汁，最適合炎炎夏日搭配清涼的啤酒或白酒等食用。

### 非洲雞 Frango Piri Piri

明明是葡國菜卻以非洲命名，這道菜的誕生據說和葡萄牙人殖民非洲有關。在大航海時代，殖民地遍及各地的葡萄牙人把南美洲的香料帶到非洲種植，某日，當地人把這些香料塗抹於雞肉上燒烤，因此衍生出今日的非洲雞。

Piri Piri 就是一種鳥眼辣椒（Bird Eye Chillies），葡萄牙人將它和蒜頭、橄欖油、檸檬汁以及各人喜好的香料混煮成醬，最後塗在全雞身上醃製入味後送進烤箱。由於各家加入的香料不同，因此非洲雞在每間餐廳吃到的風味也可能不盡相同，唯一的共通之處，大概就是「辣」了。

### 葡國雞 Galinha à Portuguesa

光看名稱很難想像是道怎樣的食物，不過說穿了就是一種咖哩雞。將雞肉以咖哩粉、醬油、白酒和薑黃粉先醃過，並將洋蔥和蒜末爆香後，加入醃過的雞肉一同拌炒，接著倒入椰奶和調味料煮至略微收汁，最後放上番茄和椰絲後放入烤箱烤個 15 分鐘，就完成這道非常下飯的食物。

## 葡式焗鴨飯 Arroz de Pata

　　焗鴨飯也是澳門葡國菜中非常知名的一道料理，將鹽、八角和胡椒粒等搗碎後塗滿整隻鴨子，放進冰箱冷藏一晚，隔天取出鴨子後將它和芹菜、大蔥和水等一同煮滾並以小火慢燉 1.5 小時，後撈出鴨並去皮，將鴨皮焗烤至酥脆，鴨肉則切成條狀。

　　接著將西班牙臘腸切丁並加入橄欖油，炒至出油後盛起，同一鍋油則繼續拿來炒洋蔥和蒜頭，加入白酒、番茄丁等煮成醬狀後再加入生米和炒過的臘腸丁，並加入剛剛煮鴨的湯燉至收汁，最後將米飯和鴨肉片與臘腸片以層疊的方式鋪設於烤盤中，並送進爐中焗烤約 10 分鐘，取出後再加上烤鴨皮，才算大功告成。由於做工相當繁複，這也是為什麼焗鴨飯能飽吸醬汁且香氣撲鼻的原因。

## 葡式烤乳豬 Leitão

　　西班牙的烤乳豬有名，同在伊比利半島上的葡萄牙由於擁有同等品種的豬隻，因此其烤乳豬也不遑多讓。

　　所謂的乳豬必須選用 3 個月以內、體重不超過 3 公斤的小豬，而且只以母豬的奶為食物，才能保留其肉質

軟嫩的特色。乳豬燒烤之前必須先以鹽、胡椒、檸檬汁等配料醃製至少兩天，然後將豬放進不同溫度的土窯翻烤，直至外皮酥脆為止。整隻的乳豬最傳統的分食方式是以一只瓷碟畫破，通常需要事先預定，不過部分餐廳會推出小分量的菜式讓人嘗鮮。值得一提的是，烤乳豬搭配的沾醬由翻烤時滴下的汁液調配而成，更能增添它的風味。

### 葡式蛋塔 Pastel de Nata

曾經在台灣掀起炫風的葡式蛋塔，由十八世紀葡萄牙里斯本的聖哲羅姆修道院（Mosteiro dos Jerónimos）修女所發明，儘管如今熱潮退去，然而它散發奶油香氣的酥脆餡皮，以及收容滿滿蛋香和焦糖芬芳的內餡，依舊讓人難以忘懷，也因此許多人前往澳門，總不忘買幾個品嘗一下，特別是搭配咖啡或熱茶當作下午茶點心，最是對味。

### 木糠布甸 Serradura

木糠布甸是繼葡式蛋塔後最有名的葡國甜點，它的材料很簡單，卻能創造出非常綿密、軟滑的滋味。以打成六分發的鮮奶油製成，將壓碎的餅乾屑和鮮奶油輪流層層鋪上，最上層和下層都是餅乾屑，然後放在冰箱大約冰個兩小時，就可以品嘗這道獨特的甜點了。

## 葡國餐廳和蛋塔店推薦

| 店名 | 資訊 |
| --- | --- |
| 大堂街 8 號葡國餐廳 ESCADA<br>（P.75） | 地址：澳門新馬路大堂街 8 號<br>電話：+853-2896-6900<br>時間：12:00~15:00、18:00~22:00 |

就在澳門郵政總局大樓一旁階梯上的 ESCADA，坐落於一棟黃色的葡式建築中，店內裝飾低調優雅。由於店主為食品進口商，因此保證店內葡籍廚師能做出新鮮的好滋味。

| 九如坊 Restaurante Platao<br>（P.75） | 地址：澳門新馬路板樟堂巷 3 號<br>樂華花園地下 B 舖<br>電話：+853-2833-1818<br>時間：12:00~23:00 |
| --- | --- |

由首位澳門總督華籍御用主廚盧子成打理的九如坊，擁有一處隱身於巷弄中的露天座位。在它各色美味料理中，又以每日限量的焗鴨飯和口感如冰淇淋的木糠布甸最受青睞。

| 佛笑樓 Restaurante Fat Siu Lau<br>（P.75） | 地址：澳門福隆新街 64 號<br>電話：+853-2857-3580<br>時間：12:00~23:00<br>網址：www.fatsiulau.com.mo |
| --- | --- |

歷史超過百年的佛笑樓，因為希望顧客用完餐後能像佛般笑得開懷而得名。老闆將口味改良為適合當地人而受歡迎，以非洲雞和焗骨飯最為拿手，如今共有三間分店。

| 美心亨利餐廳 Henri's Galley<br>（P.90） | 地址：澳門西灣民國大馬路 4 號<br>G-H 地下<br>電話：+853-2855-6251<br>時間：12:00~22:00 |
| --- | --- |

創立於 1976 年的美心亨利位於西望洋山山腳下，門口的牆角裝飾著葡式藍白色瓷磚，餐廳內以船槳、船舵和圖畫展現海洋主題，辣人蝦、咖哩蟹和非洲雞是這裡的招牌菜。

| 葡韻美食店 A Tasca Do Luis（P.120） | 地址：澳門氹仔舊城區告利雅施利華街 57-59、63 號舖<br>電話：+853-2882-7636<br>時間：周二至周日 18:00~22:30 |
|---|---|

位於官也街附近，小小的店面洋溢家庭餐廳的氣氛，儘管裝潢簡單，食物卻不馬虎，無論是檸檬煮蜆、忌廉焗馬介休、豬耳沙律或烤豬腳都很不錯，價錢也相當合理。

| 安東尼奧餐廳<br>Antonio Restaurant<br>（P.120） | 地址：澳門氹仔舊城區客商街 3 號地下<br>電話：+853-2899-9998<br>時間：平日 12:00~15:00、18:00~00:00，周末和國定假日 12:00~00:00 |
|---|---|

在澳門成為名廚的 Antonio Neves Coelho，離開路環的里斯本地帶餐廳後，開設了這間充滿個人風格的餐廳，並獲得米其林指南推薦。提供精緻的葡國料理，白酒蒜蓉炒蜆、非洲雞和焗鴨飯都值得一嘗。

| 安德魯餅店 Lord Stow's Bakery（P.128） | 地址：澳門路環市中心撻沙街 1 號地下<br>電話：+853-2888-2534<br>時間：07:00~22:00<br>網址：www.lordstow.com |
|---|---|

英國人安德魯 1989 年在路環創立了餅店，並將葡式蛋塔引進同時加以改良，使它成為當地知名甜點，許多人慕名前來這家老店購買剛出爐的蛋塔，生意興隆讓它在附近還開了家咖啡館。

| 瑪嘉烈蛋撻店<br>Cafe e Nata Margaret's<br>（P.75） | 地址：澳門新馬路馬統領街金利來大廈 17B 地舖<br>電話：+853-2871-0032<br>時間：周四至周二 06:30~20:00 |
|---|---|

瑪嘉烈和安德魯原為夫妻，兩人離婚後她在南灣自立門戶，以自己的名字為品牌開了這間蛋塔店。多年前曾經進軍台灣的她，目前只能在這裡尋得記憶裡的滋味。

# 澳門特色美食

除了葡國料理外，澳門當然也有不少自己的小吃或特色美食。由於受到香港的影響，因此當地的粥、麵自然成為一大特色，不過出自各家之手自然別有風味，其中特別是竹昇麵和水蟹粥；至於大利來記的豬扒包和義順的燉奶，更是澳門最知名的國民美食，莫義記的大菜糕則是涼透心底……。

## 手工豆腐／豆花

豆腐／豆花軟嫩的口感和豆漿香濃的滋味深受許多人的喜愛，澳門當地也有兩間小吃店以手工豆腐／豆花著稱。選擇多樣的榮記荳腐麵食口味甜鹹皆俱，想當正餐果腹的人可以點碗荳腐麵，或是豆腐外還加上魚蛋、鴨血、雞腸等的全餐，但如果只想當成點心，滑嫩的荳腐花（豆花）絕對不可錯過，當然搭配一杯荳奶更棒。

又稱為「頤德行」的李康記豆腐花，老師傅則從半夜就開始準備，以石磨慢慢將黃豆磨至最細的程度為止，同時多次濾掉黃豆殘渣，才能生產出無論氣味或口感都香濃滑順的豆花。

### Data

榮記荳腐麵食（P.75）
◎地址：澳門果欄街 47 號
◎電話：+853-2892-1152
◎時間：08:00~18:30

李康記豆腐花（P.75）
◎地址：澳門新埗頭街 19 號 D 地下
◎電話：+853-2892-0598
◎時間：周四至周二 08:00~19:00

## 豬扒包

提起澳門的豬扒包，所有人想到的一定是大利米記。昔日這間在路邊搭起棚

架的小吃店，每到下午 3 點「硬包豬扒包」出爐的時間，總是大排長龍且一位難求，不過 2011 年底曾一度因故暫停營業，重新對外開放的它目前只提供外帶服務。如果無緣吃到法國麵包的硬包豬扒包，其他時段也有外夾波蘿包或餐包的豬扒包，靈魂依舊是以十多種香料醃製的豬扒，搭配一杯凍飲，感受一下國民美食的滋味吧！

## Data

大利來記（P.120）
◎地址：澳門氹仔舊城區巴波沙總督街 18 號地下
◎電話：+853-2882-7150
◎時間：12:00~18:30

## 竹昇麵

　　所謂的竹昇麵其實就是以竹竿壓製的麵條，製麵師傅跨坐於粗大的竹竿上，重複以竹竿壓薄另一端的麵團，後再將它切成麵條，下水時必須以大火滾煮。該麵條分為以鴨蛋加鹼水或以雞蛋做成，是廣東、廣西和澳門一帶常見的食物。

　　澳門有兩間以竹昇麵聞名的餐廳，一間是創立於 1946 年的黃枝記，創始人黃煥枝曾在葡國總統面前展現他這項打麵絕技，想要嘗嘗已經傳到第三代傳人的竹昇麵，不妨試試招牌蝦子撈麵或鮮蝦雲吞麵。另一間則為祥記麵家，也是以蝦子撈麵著稱，歷史大約半世紀的它是香港美食家蔡瀾口中保存最道地的竹昇麵，完全遵循古法料理，鋪滿麵條的蝦醬帶來濃郁的香氣。

**Data**

黃枝記（P.75）
◎地址：澳門十月初五街 51 號（在議事亭前地另有分店）
◎電話：+853-2892-2271
◎時間：15:00~1:30

祥記麵家（P.75）
◎地址：澳門福隆新街 68 號
◎電話：+853-2857-4310
◎時間：12:00~00:30

## 水蟹粥

　　由於澳門地處淡鹹水交界處，因此當地生產的水蟹既肥美又少腥味，所以澳門人不是將牠清蒸就是拿來煮粥，使得水蟹粥成為在地代表性美食。水蟹粥要做得好必須現殺現煲，才能保存其鮮度，再加上水蟹本身肉少而汁多，如此一來才能和米飯滋味融合。

　　澳門當地有不少店家都賣水蟹粥，其中比較知名的有六記粥麵和提供多種粥品的誠昌飯店。六記粥麵位於觀光客較少出沒的內港 29 號碼頭附近，拜訪的多是當地人或熟門熟路的遊客，不過它的名氣也不小，許多香港政要和美食家都曾拜訪；除了美味的水蟹粥外，它的竹昇麵也非常有名。至於誠昌飯店則位於人來人往的官也街，粥湯內除蟹肉外還能嘗到蟹膏，該餐廳還有田雞粥和田雞蟹粥，如果敢嘗鮮的人可以試試。

**Data**

六記粥麵（P.75）
◎地址：澳門沙梨頭仁慕像 1 號 D 地下
◎電話：+853-2855-9627
◎時間：18:30~02:30

誠昌飯店（P.120）
◎地址：澳門氹仔官也街 28-30 號
◎電話：+853-2882-5323
◎時間：12:00~23:30

## 魚翅／魚翅麵

　　魚翅一直給人昂貴的印象，不過許多人到了澳門會專程前往小啖魚翅一番，原因在於當地有些平價魚翅專賣店足以讓人大飽口福。擁有百年歷史的譚家魚翅，以金華火腿和老母雞為湯底，歷經 8 小時的古法熬煮，直至呈現奶白色且散發濃郁香氣後才上桌，看著在石鍋中依舊保持沸騰的魚翅，令人食指大動，而魚翅滑嫩的口感搭配湯汁鮮甜的滋味，更讓人回味。

　　另外如果覺得吃上一盅魚翅還是太貴，也有更平價的選擇，到達榮吃一碗 200 台幣的魚翅湯麵，以豬大骨、雞骨和金華火腿熬成的湯汁，搭配麵條和真材實料的大片魚翅，如果這樣還不過癮，就再點份魚翅球打打牙祭吧！

## Data

譚家魚翅（P.75、120）
◎地址：澳門福隆新街 48 號（在氹仔施華利街 30 號另有分店）
◎電話：+853-2835-6009
◎時間：11:00~23:00

達榮魚翅湯麵（P.120）
◎地址：澳門氹仔舊城區地堡街泉福新村地下 1 舖
◎電話：+853-2882-5596
◎時間：10:00~22:00

## 燉奶

　　除了蛋塔外，澳門最知名的甜點大概就屬義順牛奶

公司的燉奶了，因為太知名，甚至還到素以甜品著稱的香港開了好幾家分店。

原料來自自家牧場生產的鮮乳，擁有祖傳五代的祕方，義順的雙皮燉奶味道濃郁得令人口齒留香，端上桌時上方還凝結著一層薄皮。此外店內的薑汁撞奶也是招牌，把降溫後的鮮奶倒入薑汁中，以牛奶中和薑汁的嗆辣，入口即化的口感中瀰漫著濃濃的薑汁味，令人聯想起薑汁豆花。

## Data

義順牛奶公司（P.75）
◎地址：澳門議事庭前地 7 號
◎電話：+853-2857-3638
◎時間：09:00~21:00

## 核桃糊和馬蹄沙

澳門當地另一家知名的甜品店是杏香園，擁有 40 多年歷史的它，走的是較高價位的甜品店，店內裝潢可能看不太出來，不過這裡的甜品採用的可都是貨真價實的原料，也因此無論是核桃或杏仁都口味十足。在各類包括椰子、豆類、蛋類、湯丸等甜品中，又以核桃糊和馬蹄沙（荸薺）最受歡迎，另外店家也會不時推出新口味，以手寫菜單的方式放在桌上，想嘗鮮的人不妨試試。

## Data

杏香園（P.75）
◎地址：澳門清平直街 13 號
◎電話：+853-2857-2701
◎時間：14:30~01:00

## 大菜糕

所謂的大菜糕就是洋菜凍或台灣稱的菜燕，以石花菜熬煮後冷卻而成，這種海藻擁有豐富的礦物質與維生

**Data**

莫義記大菜糕（P.120）
◎地址：澳門氹仔官也街9號A
◎電話：+853-6669-5194
◎時間：平日 07:00~19:30、
　　　　周末 07:00~21:00

素。不過我們常吃到的是加入檸檬汁或冬瓜茶等單一口味的洋菜凍，然而到了澳門的莫義記大菜糕，卻能品嘗到琳琅滿目的水果口味，甚至燕窩口味，而其中人氣最旺的要屬擁有粉紅、白、綠三層的三色大菜糕，另外店內的榴槤雪糕也是一大特色，有興趣的人千萬別錯過這家 80 年老店的滋味。

## 雪糕

　　如果提到澳門的雪糕，當地人一定會想到禮記雪糕，這間開幕至今已有 70 多年歷史的雪糕店，是當地的龍頭，無論店家裝潢或雪糕包裝都洋溢著一股濃濃的懷舊氣息。由於不添加香精或色素，因此冰淇淋本身的顏色並不鮮豔，其中吃得到滿口紅豆的紅豆雪條讓人一吃上癮，而三色雪糕磚也是店內的經典，就是我們所謂的冰淇淋三明治，以上下兩片餅乾夾著椰子、咖啡和芒果口味的冰淇淋，真是大為消暑。

**Data**

禮記雪糕（P.112）
◎地址：澳門荷蘭園大馬路 12 號
　　　　至 12A 地下
◎電話：+853-2837-5781
◎時間：12:00~19:00

# 必買伴手

　　吃吃喝喝之外，當然得買些伴手回台灣！澳門的伴手除了各色餅家推出的傳統糕餅和可口零食外，許多綜合度假城或主題博物館推出的專屬紀念品，也是不錯的收藏，或是當地設計師打造的創意商品等，都能為旅途增添趣味。

## 杏仁餅

　　打從 1935 年創立開始，咀香園的杏仁餅就是它所有產品中的明星，後來在 1960 年時以小杏仁粒取代磨碎的杏仁，更讓這種餅乾大受歡迎，也因此改稱為「咀香餅」。從清平街發跡，到今日擁有多家分店，咀香園是澳門的兩大手信（伴手）店之一，除了以古法烘焙的傳統杏仁餅外，還有包括杏仁、松子和南瓜三種綜合口味的三式杏仁餅。

**Data**
咀香園餅家（P.75）
◎地址：澳門清平街 1 號
◎電話：+853-2883-1166
◎時間：09:30~23:00
◎網址：www.choi-heong-yuen.com

### 花生糖和鳳凰卷

　　澳門鉅記手信則是當地另一大手信店，這個最初只是在街角以推車方式販售花生糖和薑糖的小攤，如今能擁有這樣的規模確實令人驚訝。鉅記在 1997 年開設了第一間店鋪，除了手工製作、好吃不黏牙的花生糖外，也賣起炭燒杏仁餅和蛋捲，其中外型猶如豆皮的蛋捲──鳳凰卷，內包肉鬆、蛋白或咖哩，口感既鹹且甜，越吃越順口。

**Data**

澳門鉅記手信（P.75）
◎地址：澳門福隆新街 70-72 號地下
◎電話：+853-2893-8102
◎時間：09:30~01:00
◎網址：www.koikei.com

### 老婆餅和肉切酥

　　除了上述兩大手信店外，澳門也有許多歷史悠久的小餅店提供美味的傳統糕餅，其中位於官也街的晃記餅家正是其一，創立於清光緒三十二年的它，至今已超過百年歷史，依舊保存了傳統的製餅方式。每到出爐時間總是大排長龍，店家卻也無意擴店

或改設成茶樓，繼續在這間小店裡提供外皮酥脆、內餡 Q 彈、口味鹹甜的老婆餅，以及用豬肉簡單裹上麵粉烤成的肉切酥。

## Data

晃記餅家（P.120）
◎地址：澳門氹仔官也街 14 號
◎電話：+853-2882-7142
◎時間：08:30~21:00

## 綜合度假城或主題博物館的專屬商品

　　為了吸客，各大綜合度假城通常都有各自的「祕密武器」，例如新濠天地以《水舞間》和天幕《龍騰》為號召、威尼斯人度假村強調義大利水都風光、金沙城中心則主打夢工廠……於是在它們的專屬商店中也紛紛推出相關紀念品供遊客收藏，像是《水舞間》和天幕《龍騰》的 T 恤、杯組、筆記本等，威尼斯人的紀念籌碼、手機吊飾和身著橫條衫的貢多拉猴子船夫玩偶，夢工廠動畫明星的玩偶、髮飾和手環，至於索菲特十六浦的 MJ 珍品廊中有著一系列以麥可・傑克森為主題的馬克杯、帽子、雨傘和首飾。

　　另外在澳門的各大主題博物館中也有一些別處買不到的特色商品，像是大賽車博物館中與格蘭披治大賽車相關的紀念品，海事博物館中的船隻模型和航海相關著作，澳門博物館中的瓷器蓋杯以及和辛亥革命紀念相關的文創產品，而在茶博物館中除了茶具和相關書籍外，還有當地地標造型的磁鐵和書籤、甚至迷你路牌。

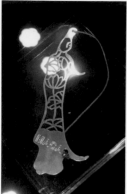

1：十六浦索菲特大酒店提供 2.3：金沙城中心提供

澳門佳作的官也街旗艦店

# 澳門設計師商品

澳門獨特的風情吸引無數遊客前往，2010 年時為了提供更具價值的旅遊紀念品，澳門佳作結合了當地藝術家與設計師，創作了一系列洋溢在地風情的文創商品，從 2010 年在大三巴旁開設了第一家旗艦店後，又在官也街（澳門氹仔官也街 33 號至 35 號地下）設立了全新概念店，如今已成功打響該在地品牌。在它琳瑯滿目的商品中，可以看見圖案出自當地畫家之手的購物袋或抱枕、設計師 Kuso 味十足的馬克杯、以抽象繪畫風格展現世界遺產面貌的 T 恤，以及各式各樣的筆記本等，當然還有大量被當成店內吉祥物的熊貓商品。

## Data

澳門佳作（P.75）
◎地址：澳門大三巴右街 5 號 A 座地下
◎電話：+853-2835-2954
◎時間：10:00~19:00
◎網址：www.macaucreations.com

# Part 7

# 生活便利通
*Useful Tips*

實用資訊
緊急應變

# 實用資訊

## 撥打電話

　　澳門各大旅遊景點附近通常都設有公共電話，除了可撥打當地電話外，還可直接撥打全球約 100 多國的國際電話，撥打當地電話的費率為每 5 分鐘 1 澳門幣，國際電話則視國家而異。公共電話分為投幣式和卡式兩種，部分結合兩者，但以投幣式較為常見，值得注意的是投幣式只接受澳門幣，不接受港幣，卡式則只能使用電話卡，其中 100 澳門幣智能電話卡可同時撥打當地或國際電話。

## 手機漫遊

　　手機漫遊在當地非常方便，如果在台灣使用中華電信、台灣大哥大、遠傳等電信公司的門號，不需要另外申請，即可以原機、原號於澳門漫遊，不過必須注意的是，漫遊費用相對昂貴，於漫遊撥打當地電話，每分鐘通話費約 12 至 14 台幣，撥打國際電話，每分鐘通話費約 40 至 44 台幣，另外漫遊受話費每分鐘則約 30 至 32 台幣，實際費用視各電信業者而異。

## 如何撥號？

● 從台灣打電話到澳門

　台灣國際冠碼　　　　　澳門區域碼　電話號碼

　002（或其他電信代碼）＋ 853　　 ＋ 8 位數電話號碼

　如：澳門電話 1234-5678，則撥 002-853-1234-5678。

● 從澳門打電話到台灣

　澳門國際冠碼　台灣國碼　區域代碼　電話號碼

　00　　　　　＋ 886　　＋去 0　　 ＋

　如：台北電話（02）1234-5678，則撥 00-886-2-1234-
　5678。

# 網路

　　澳門當地網路使用非常便捷，公立
博物館、圖書館、體育或活動中心、
以及各大旅遊景點和旅遊中心，都提供
免費無線寬頻服務，只要看到該地點設有
「WiFi 任我行」的標誌，便可自行使用網路裝
置連線，連上 Wifigo（未加密連線）或是 Wifigo-s（加
密連線），勾選「使用守則及免責條款」後就能連線上
網，其中加密連線須先輸入使用者名稱和密碼，兩者均
為「wifigo」。免費網路提供服務時間為上午 8 點至凌
晨 1 點，每次連線時間為 45 分鐘，此外圖書館也提供
電腦可免費上網，詳細情形可上網：www.wifi.gov.mo
查詢，或電洽：+853-2828-3883。

## 手機漫遊上網

　　台灣門號的手機除了可以漫遊通話外，也提供漫遊
上網服務，不過資費並不便宜，每 1KB 約收 0.04 至 0.08
台幣，因此不妨購買以日計價的吃到飽漫遊上網比較划

算。以亞洲為例，1 天通常約 399 台幣，部分還提供 3
天／999 台幣和 5 天／1599 台幣的多天數優惠方案。
另外，當地的電信業者也有推出可供手機上網的流動寬
頻卡，以 CTM 為例，1 天為 120 澳門幣，5 天為 220 澳
門幣，遊客可視個人情況選擇。

**Info**　澳門電訊公司諮詢電話
☆ 澳門電訊有限公司：1000
☆ 和記電訊：1118
☆ 數碼通流動通訊（澳門）股份有限公司：1628
☆ 中國電信（澳門）有限公司：1888

## 郵政

　　澳門郵局營業時間為周一至周五的上午 9 點至晚
上 6 點，以及周六的上午 9 點至下午 1 點，可以寄送明
信片、信件以及包裹。設立於熱門景點旁的郵筒有時也
提供郵票自動販售服務，只需要按照上方的指示操作即
可，該機器同樣只接受澳門幣，從澳門寄明信片回台灣
的郵資為 4 澳門幣。

　　部分紀念品專賣店中也提供代售郵票服務，遊客可

和店家購買後自行尋找街上的郵筒投寄即可，此外四至五星級酒店通常也提供代寄服務，你可以將郵資付給對方後，請對方直接幫你投遞，不過飯店代收的郵資有時可能會略高一些。相關資訊可上澳門郵政官方網站查詢：www.macaupost.gov.mo，或電洽：+853-2832-3666。

## 商店營業時間

澳門商店的營業時間因店家不同而相當浮動，通常早上 10 點至下午 6 點間大多對外營業，部分店家周末時還會延長營業時間，僅某些特殊商店每周固定有休息日，大部分除了農曆過年等大節日外幾乎全年無休，所以到澳門旅遊，不必擔心像在歐洲周末假日可能無法購物。

## 小費

在澳門用餐，由於費用中大多會收取 10％的服務費，因此基本上不需要額外支付小費，但如果前往比較高級的餐廳，對服務感到滿意的話，也可以另外給些意思即可。至於下榻酒店，每件行李約 5 至 10 澳門幣，床頭小費則視酒店等級和客房大小，約 10 至 20 澳門幣。

# 緊急應變

## 東西掉了怎麼辦？

### 遺失護照

　　首先先前往當地附近警察局報案，請對方開立失竊或遺失證明，之後攜帶報案證明、身分證或健保卡等身分證明文件及正反面影本，以及 5 張 2 吋白色背景彩色證件照，前往澳門的台北經濟文化辦事處申請「入國證明書」（目前在中國地區遺失護照，無法申請補發）。離境時攜帶此文件返台，並等回台灣後再辦理補發護照事宜。

### Data

台北經濟文化辦事處／澳門事務處
◎地址：澳門新口岸宋玉生廣場 411- 417 號皇朝廣場 5 樓 J-O 座
◎電話：+853-2830-6289
◎傳真：+853-2830-6153
◎電子郵件：tpemac@gmail.com
◎申請受理時間：周一至周五 09:00~12:00、14:00~16:00

### 遺失信用卡和旅行支票

　　遺失信用卡時得先向發卡銀行聯絡，申請掛失。至於遺失旅行支票則盡快聯絡發票銀行，旅行支票購買合約書上會記載該公司全球聯絡電話以及掛失和補發的程序。之後再攜帶失竊證明與護照和購票副本前往發票銀行申請補發，通常約需 1 至 3 個工作天。

## 生病、受傷時

　　澳門的藥局不少，如果是感冒、腹瀉等輕微傷病，可以直接前往藥局購買成藥服用，但如果遇到真的無法自行解決的問題時，還是得上醫院求診，以下提供 24 小時急診服務的大醫院和深夜營業（晚上 9

點至早上 9 點）的藥局資訊，也可直接瀏覽當地衛生局
網頁：www.ssm.gov.mo，或電洽 +853-2856-2404。

**Info**

☆ 緊急求助 24 小時熱線： 999 / 110 / 112

☆ 台灣外交部國人海外急難救助電話：+853-6687-2557

☆ 仁伯爵綜合醫院
　地址：澳門若憲馬路
　電話：+853- 2831-3731

☆ 仁伯爵綜合醫院離島急診站
　地址：澳門氹仔偉龍馬路澳門科技大學 H 座大樓
　　　　（科大醫院側）
　電話：+853- 2899-2230

☆ 鏡湖醫院
　地址：澳門連勝馬路
　電話：+853- 2837-1333、2831-3731

☆ 新口岸大藥房
　地址：澳門上海街 84 號廣發商業中心
　電話：+853- 2870-1697

☆ 新口岸大藥房 II
　地址：澳門高美士街 11 號
　電話：+853- 2878-5705

### 國家圖書館出版品預行編目資料

澳門自助超簡單 / 彭欣喬著. -- 初版. -- 臺北市
: 華成圖書, 2013.12
　面；　 公分. --（GO簡單系列；GO312）

ISBN 978-986-192-197-6(平裝)

1.自助旅行 2.澳門特別行政區

　673.969　　　　　　　　　　　　102020903

GO簡單系列　GO312

# 澳門自助超簡單

作　　者／彭欣喬

出版發行／ 華杏出版機構
　　　　　華成圖書出版股份有限公司
　　　　　www.farreaching.com.tw
　　　　　台北市10059新生南路一段50-2號7樓
　　　　　戶　　名　華成圖書出版股份有限公司
　　　　　郵政劃撥　19590886
　　　　　e-mail　huacheng@farseeing.com.tw
　　　　　電　　話　02　23921167
　　　　　傳　　真　02　23225455
　　　　　華杏網址　www.farseeing.com.tw
　　　　　e-mail　fars@ms6.hinet.net
　　　　　華成創辦人　　郭麗群
　　　　　發 行 人　　蕭聿雯
　　　　　總 經 理　　熊芸
　　　　　法 律 顧 問　　蕭雄淋・陳淑貞

　　　　　總 編 輯　　周慧琍
　　　　　企 劃 編 輯　　林逸叡
　　　　　執 行 編 輯　　袁若喬
　　　　　美 術 設 計　　陳琪叡
　　　　　印 務 主 任　　蔡佩欣

定　　　價／以封底定價為準
出 版 印 刷／2013年12月初版1刷

總 經 銷／知己圖書股份有限公司
　　　　　台中市工業區30路1號　　電話 04-23595819　　傳真 04-23597123

## ☺ 讀 者 回 函 卡

謝謝您購買此書，為了加強對讀者的服務，請詳細填寫本回函卡，寄回給我們（免貼郵票）或 E-mail至huacheng@farseeing.com.tw給予建議，您即可不定期收到本公司的出版訊息！

您所購買的書名/_____ 購買書店名/_____

您的姓名/_____ 聯絡電話/_____

您的性別/□男 □女 您的生日/西元_____年_____月_____日

您的通訊地址/□□□□□_____

您的電子郵件信箱/_____

您的職業/□學生 □軍公教 □金融 □服務 □資訊 □製造 □自由 □傳播
　　　　　□農漁牧 □家管 □退休 □其他

您的學歷/□國中（含以下） □高中（職） □大學（大專） □研究所（含以上）

您從何處得知本書訊息/（可複選）

□書店 □網路 □報紙 □雜誌 □電視 □廣播 □他人推薦 □其他

您經常的購書習慣/（可複選）

□書店購買 □網路購書 □傳真訂購 □郵政劃撥 □其他_____

您覺得本書價格/□合理 □偏高 □便宜

您對本書的評價（請填代號/ 1.非常滿意 2.滿意 3.尚可 4.不滿意 5.非常不滿意）

封面設計_____ 版面編排_____ 書名_____ 內容_____ 文筆_____

您對於讀完本書後感到/□收穫很大 □有點小收穫 □沒有收穫

您會推薦本書給別人嗎/□會 □不會 □不一定

您希望閱讀到什麼類型的書籍/_____

您對本書及我們的建議/

廣 告 回 信

台 北 郵 局 登 記 證

台 北 廣 字 第 0 0 0 5 2 6 號

免 貼 郵 票

華杏出版機構

# 華成圖書出版股份有限公司　　收

台北市10059新生南路一段50-1號4F　　TEL/02-23921167

（沿線剪下）

（對折黏貼後，即可直接郵寄）

😊 本公司為求提升品質特別設計這份「讀者回函卡」，懇請惠予意見，幫助我們更上一層樓。感謝您的支持與愛護！

**www.farreaching.com.tw**　　　　請將 G0312 「讀者回函卡」寄回或傳真 (02) 2394-9913